Kekse backen

**Die leckersten Rezepte
der hallo Niedersachsen-Zuschauer**

schlütersche

Alle Angaben erfolgen ohne jegliche Verpflichtung oder Garantie des Herausgebers. Für Änderungen und Fehler, die trotz der sorgfältigen Überprüfung aller Angaben nicht vollständig auszuschließen sind, können wir leider keinerlei Verantwortung oder Haftung übernehmen.

Verlag:	Schlütersche GmbH & Co. KG Verlag und Druckerei Hans-Böckler-Allee 7 30173 Hannover
Herausgeber:	Marlis Fertmann Leitung Programmbereich Fernsehen NDR Landesfunkhaus Hannover
Redaktion:	Jürgen Berger Carolin Rabe
Titelfoto:	Ingo Wandmacher Aufgenommen im Museumsdorf Hösseringen
Layout, Grafik:	Norbert Leidecker
Fachliche Beratung:	Konditormeisterin Anke Margerethe Pfeifer
Verlagskoordination:	Claudia Flöer

Mit freundlicher Unterstützung der NDR Media GmbH, Geschäftsbereich Marketing

ISBN 3-87706-839-1

Kekse backen

**Die leckersten Rezepte
der hallo Niedersachsen-Zuschauer**

Liebe Leserin, lieber Leser,

wenn der Duft nach frisch gebackenen Plätzchen, wenn Zimt, Kardamon und Anis die Nase kitzeln, wissen wir: Es ist wieder so weit. Genauso entstand auch die Idee, in **hallo** Niedersachsen eine Aktion zum Thema Keksbacken durchzuführen.

Die Resonanz hat uns buchstäblich erschlagen. Rezepte handschriftlich, getippt, aus dem Computer, mit tollen Bildanimationen, herausgerissene Seiten aus Zeitschriften und immer wieder Kostproben. Pakete und Briefsendungen voller Kekse erreichten die Redaktion. Dafür ganz herzlichen Dank.

Am Anfang eines jeden Buches steht der Dank an die, die zur Entstehung maßgeblich beigetragen haben. Das soll auch diesmal so sein. Das Team von **hallo** Niedersachsen dankt allen Teilnehmern des Rezept-Wettbewerbs „hallo-Keks“. Leider können wir nur einen Teil der vielen tausend Einsendungen in diesem Buch veröffentlichen.

Kekse gehören aber nicht nur auf den Adventstisch oder unter den Weihnachtsbaum. Kekse, das wissen schon die Kleinsten aus der Sesamstraße, kann man immer essen.

Wir wünschen Ihnen viel Spaß beim Backen und guten Appetit!

Marlis Fertmann
Fernsehchefin
Landesfunkhaus Niedersachsen

Es ist ein ebenso schöner wie alter Brauch, Gäste und Familie an Festtagen mit besonderen Genüssen aus der Küche zu verwöhnen und so die Bedeutung eines Festes noch zu unterstreichen. Vor allem in der Adventszeit lebt diese Tradition in vielen Familien auf und findet ihren Ausdruck im Backen von Keksen und Plätzchen.

Die überaus zahlreichen Zusendungen von Rezepten im Rahmen der NDR-Aktion „hallo-Keks“ hat gezeigt, wie lebendig dieser Brauch noch heute ist. Neben der großen Menge an Rezepten waren natürlich in erster Linie deren Qualität, die Originalität und Vielfalt sowie die zum Teil langjährige Familientradition besonders bemerkenswert.

Jedes Rezept, jeder Keks hat es verdient, im Rahmen des nun vorliegenden kleinen Büchleins in Ihre Küche zu gelangen und von Ihnen gebacken zu werden. Nehmen Sie sich ein wenig Zeit und stöbern Sie nach Ihrem Lieblingskeks. Ich bin sicher, Sie werden ihn in dieser großen Auswahl bestimmt finden.

Freuen Sie sich auf den Spaß beim Backen, auf den köstlichen Duft, der Ihr Haus durchziehen wird, und auf die Freude Ihrer Familie, wenn es ans Naschen geht.

Ich wünsche Ihnen dazu sehr viel Vergnügen und Erfolg!

Klaus Borchers
Landesinnungsmeister
Bäckerinnungs-Verband
Niedersachsen/Bremen

1. Preis:

Hannoversche Nuss-Schnitten

Aus Mehl, Haselnüssen, Butter, Puderzucker, Zimt und Salz einen Knetteig herstellen. Den Knetteig einen halben Zentimeter dick ausrollen und in kleine Quadrate von 3 x 3 Zentimetern schneiden.

Eiweiß und Puderzucker schaumig schlagen. Die Quadrate auf ein mit Backpapier ausgelegtes Backblech legen und mit der Baisermasse bestreichen. Die grob gehackten Haselnüsse darauf geben.

Bei 175 – 180 °C 25 bis 30 Minuten backen.

Frauke Wiedermann, Oldenburg

Für den Teig

250 g Mehl
250 g gemahlene Haselnüsse
250 g Butter
125 g Puderzucker
1 Teelöffel Zimt
1 Prise Salz

Für das Baiser

2 Eiweiß
150 g Puderzucker
50 g Haselnüsse

2. Preis:

Haselnuss-Hörnchen

Für den Teig

200 g gemahlene Haselnüsse
150 g Puderzucker
1 Päckchen Vanillezucker
Saft einer halben Zitrone
100 g Marzipanrohmasse
2 Eiweiß
200 g Haselnussblättchen

Für den Guss

150 g Vollmilchkuvertüre

Haselnüsse, Puderzucker und Vanillezucker vermengen. Zitronensaft und zerkleinerte Marzipanrohmasse unterrühren. Eiweiß schaumig schlagen, dazugeben und alles verrühren.

Aus dem Teig kleine Kugeln formen und in den Nussblättchen wälzen, dabei Hörnchen formen. Auf ein mit Backpapier ausgelegtes Backblech legen.

Bei 200 °C rund zehn Minuten backen.

Die Ecken der erkalteten Kekse in aufgelöste Kuvertüre tauchen und auf Backpapier trocknen lassen.

Margret Heermann, Belm

3. Preis:

Pfefferkuchen

Buttermilch und Zucker in einem Topf zu schöner, brauner Farbe kochen, abstellen und gut rühren.

Pottasche in einer Tasse lauwarmem Wasser lösen. Nelken, Zimt, Kardamon, Natron, Zitronat und Mandeln dazugeben.

Den Teig mit Roggen- und Weizenmehl gut durcharbeiten und ausrollen. In Streifen oder Stücke schneiden oder verschiedene Formen ausstechen und diese auf ein mit Backpapier ausgelegtes Backblech legen.

Die Pfefferkuchen bei 180 °C backen, aber nicht zu braun werden lassen!

Nach Geschmack und Phantasie mit Zucker-, Mandel- oder Schokoguss garnieren.

Hildegard Pernau, Obernkirchen

Für den Teig

1000 ml Buttermilch
1000 g Zucker
25 g Pottasche
2 Teelöffel gemahlene Nelken
2 Teelöffel gemahlener Zimt
5 Teelöffel Kardamon
1/2 Teelöffel Natron
1 Esslöffel kleingeschnittenes Zitronat
1 Esslöffel Mandeln
500 g Roggenmehl
750 g Weizenmehl

Für den Guss

nach Belieben Zucker-, Mandel- oder Schokoguss

Adventstaschen

Für den Teig

1 Paket Tiefkühlblätterteig
(5 Scheiben)

Für die Füllung

10 g Zimtzucker
20 g gehackte Mandeln
20 Belegkirschen oder
Rumrosinen (ca. 80 Stück)
20 ganze Mandeln
10 Walnusskerne
eventuell 100 g Marzipan-
rohmasse

Zum Bestreichen

1 Ei
1 Esslöffel Sahne

Blätterteigscheiben auftauen, nebeneinander legen und dann als ein Stück ausrollen. Der Teig sollte vor dem Backen etwa eine Stunde lang stehen. Mit einem Backrädchen in gut 40 Dreiecke teilen. Jedes Dreieck mit Wasser bestreichen, mit Zimtzucker und gehackten Mandeln bestreuen. In jede Mitte eine halbe Kirsche oder einige Rosinen, eine halbe Mandel, ein Stück Walnuss und eventuell ein Stückchen Marzipan legen.

Ei trennen. Eiweiß schlagen. Die beiden spitzen Ecken der Dreiecke mit Eiweiß bestreichen und nach oben vorsichtig zusammendrücken. Eigelb mit Sahne verrühren und die Taschen damit bestreichen. Auf ein mit Backpapier ausgelegtes Backblech legen.

Bei 200 °C rund 15 Minuten backen.

Lisa Döring, Wolfsburg

Amaretto-Schnitten

Mandeln goldgelb rösten. Zitronat und Orangeat fein hacken. Marzipanrohmasse, Zitrusschalen, Bittermandelaroma und Gewürze mischen. Eier zusammen mit gesiebtem Puderzucker cremig rühren. Marzipanrohmasse, abgekühlte Mandeln und gesiebtes Mehl unter die Eicreme kneten.

Teig zu drei Zentimeter dicken Rollen formen und eine Stunde kalt stellen. Backblech mit Backpapier auslegen. Teigrollen auf das Blech setzen und leicht flach drücken.

Bei 175 °C etwa 25 Minuten backen.

Noch heiß in ein Zentimeter dicke Scheiben schneiden. Puderzucker, Amaretto und etwas Lebensmittelfarbe verrühren und die erkalteten Schnitten damit bepinseln.

Roswitha Ley, Lingen/Ems

Für den Teig

200 g geschälte, gehackte Mandeln
je 50 g Orangeat und Zitronat
100 g Marzipanrohmasse
abgeriebene Schale von je einer unbehandelten Zitrone und Orange
1/2 Fläschchen Bittermandelaroma
1/2 gestrichener Teelöffel Zimt
je eine Prise Nelken und Ingwer
2 Eier
175 g Puderzucker
400 g Mehl

Für den Guss

75 g Puderzucker
1 Esslöffel Amaretto
rote Lebensmittelfarbe

Amerikanisches Weihnachtsgebäck

Für den Teig
350 g kernlose Rosinen
125 ml Bourbon-Whisky
60 g Margarine
100 g brauner Zucker
2 Eier
180 g Mehl
1/2 Teelöffel Backpulver
1 1/2 Teelöffel gemahlener Zimt
1/2 Teelöffel geriebene Nelken und Muskat (gemischt)
400 g halbierte Pekannüsse oder Walnüsse
300 g kandierte Kirschen

Rosinen und Whisky in ein Gefäß geben, zudecken und über Nacht ziehen lassen.

Margarine und Zucker aufschlagen, die Eier einzeln dazugeben. Mehl, Backpulver und Gewürze unterrühren. Dann die abgetropften Rosinen, halbierten Nüsse und Kirschen dazugeben.

Alles vermischen und mit einem Teelöffel kleine Häufchen auf ein mit Backpapier ausgelegtes Backblech setzen.

Bei 180 °C 15 Minuten backen.

Tipp:
Die Plätzchen halten sich in verschlossenen Dosen monatelang.

Ilse Blasch, Lüneburg

Ananas-Makronen

Für den Teig

4 Eiweiß
200 g Zucker
200 g kandierte Ananasstückchen
200 g Kokosraspeln
ca. 30 Backoblaten

Für die Verzierung

ca. 100 g Halbbitterkuvertüre
evtl. kandierte Ananasstückchen

Eiweiß zu sehr schaumigem Schnee schlagen und den Zucker dabei einrieseln lassen. So lange schlagen, bis der Zucker ganz aufgelöst ist. Kandierte Ananasstückchen in kleine Würfel schneiden, mit den Kokosraspeln unter den Eischnee heben.

Kleine Häufchen auf die Backoblaten geben und auf ein mit Backpapier ausgelegtes Backblech legen.

Backofen auf 140 °C vorheizen und die Makronen ca. 35 bis 40 Minuten backen. Auskühlen lassen.

Kuvertüre im Wasserbad schmelzen und in ein Pergamentpapiertütchen füllen. Unten ein kleines Loch hineinschneiden und die zarten Makronen mit feinen Schokoladenlinien verzieren.

Tipp:
Die Makronen können zum Schluss mit einem etwas größeren Stück Ananas gekrönt werden.

Matthias Wittich, Delligsen

Anis-Gebäck

Für den Teig

4 Eier
500 g Zucker
1 Päckchen Vanillezucker oder Zitronengelb
500 g Weizenmehl
1 Messerspitze Hirschhornsalz
1 Prise Salz
1–2 Esslöffel Anissamen

Eier und Zucker schaumig schlagen. Vanillezucker oder Zitronengelb, zwei Drittel des gesiebten Mehls, Hirschhornsalz und Salz nach und nach hinzufügen. Das restliche Mehl auf dem Brett unterarbeiten, den Teig zudecken und kalt stellen.

Dann einen Teil des Teigs etwa einen Zentimeter dick ausrollen. Mit einer beliebigen Form Kekse ausstechen und auf ein mit Anissamen bestreutes Blech legen. Über Nacht an einem mäßig warmen Ort trocknen lassen.

Bei niedriger Temperatur, 150–160 °C, für 22–30 Minuten mehr trocknen als backen.

Das Blech dabei auf der unteren oder mittleren Schiene einsetzen. Die Kekse müssen obenauf weiß aussehen und ein so genanntes Füßchen bekommen.

Anni Mieller, Bad Salzuflen

Anis-Plätzchen

Butter mit Eigelb, abgeriebener Zitronenschale und Vanillemark schaumig rühren. Backpulver, Mehl und Anis unterrühren. Den Teig in Folie wickeln und für eine Stunde in den Kühlschrank stellen.

Dann den Teig ausrollen und nochmals für 20 Minuten kalt stellen. Danach mit Formen Plätzchen ausstechen. Auf ein mit Backpapier ausgelegtes Backblech legen und die Oberfläche mit Zucker und Zimt bestreuen.

Im vorgeheizten Ofen bei 180 °C zwölf Minuten backen.

Brigitte Lippke, Hohenwarthe

Für den Teig

150 g Butter
1 Eigelb
abgeriebene Schale einer Zitrone
Mark einer Vanilleschote
1/2 Teelöffel Backpulver
300 g Mehl
3 Teelöffel gemahlener Anis
1 Esslöffel Zucker
1 Teelöffel Zimt

Apfel-Kokos-Rauten

Für den Teig

100 g getrocknete Apfelringe
2 cl Calvados
2 cl Apfelsaft
1 Packung (425 g) Grundmischung Streuselteig
1 Ei
125 g Butter oder Margarine

Für die 1. Füllung

3 Esslöffel Apfelgelee
1/2 Teelöffel Zimt

Für die 2. Füllung

1 Packung (375 g) Grundmischung Kokosmakronen
3 Eiweiß

Für den Guss

150 g Halbbitterkuvertüre
10 g Kokosfett

Calvados und Apfelsaft mischen, Apfelringe würfeln und für drei Stunden darin einweichen lassen, sodass sich die Apfelringe auflösen.

Streuselteig-Backmischung, Ei und Butter in ein bis zwei Minuten zu Streuseln verarbeiten. Mit der Apfel-Calvados-Mischung verrühren. Auf einer Hälfte eines mit Backpapier ausgelegten Backblechs verteilen und leicht andrücken.

Gelee und Zimt verrühren. Auf den Streuselteig streichen. Makronen-Backmischung und Eiweiß ca. zwei Minuten glatt rühren und auf das Gelee streichen. Einen mehrfach geknickten Streifen Alufolie als Begrenzung vor den Teigrand setzen.

Im vorgeheizten Backofen bei 175 °C rund 25 Minuten backen. Erkalten lassen und in Rauten schneiden.

Kuvertüre und Kokosfett schmelzen lassen. Rauten zur Hälfte darin eintauchen und auf Backpapier trocknen lassen.

Ingrid Hempen, Harkebrügge

Apfelsinen-Stäbchen

Alle Zutaten für den Teig verkneten und eine Stunde kalt stellen.

Zutaten für die Füllung bis auf zwei Esslöffel Apfelsinensaft miteinander vermischen.

Von dem Mürbeteig zwei gleich große Teigplatten ausrollen. Die erste Platte auf ein mit Backpapier ausgelegtes Backblech legen und mit der Füllung bestreichen. Die zweite Teigplatte darauf legen und etwas andrücken. Mehrmals mit einer Gabel einstechen.

Bei 180 °C gut 15 Minuten backen.

Apfelsinensaft und Honig für den Guss verrühren. Die noch warme Teigplatte bepinseln und in Stäbchen schneiden.

Christel Bittner, Seevetal

Für den Teig

250 g fein gemahlenes Dinkelmehl
1/4 Teelöffel Salz
1 Ei
80 g Akazienhonig
125 g Butter
1/2 Teelöffel Bourbon-Vanillepulver

Für die Füllung

125 g gemahlene Mandeln
80 g Akazienhonig
Schale einer unbehandelten Apfelsine
Saft von zwei Apfelsinen

Für den Guss

2 Esslöffel Apfelsinensaft
1 Esslöffel Akazienhonig

Baumkuchen-Spitzen

Für den Teig
200 g Marzipanrohmasse
250 g Butter
100 g Puderzucker
1 Vanilleschote
6 Eier
125 g Mehl
125 g gemahlene Mandeln
1/4 Teelöffel Kardamon

Für den Guss
300 g Kuvertüre

Marzipanrohmasse mit Puderzucker verkneten.
Eier trennen. Weiche Butter, Puderzucker, ausgekratztes Vanillemark und Eigelb schaumig rühren. Mehl, gemahlene Mandeln und Kardamon unterrühren. Schaumig geschlagenes Eiweiß unterheben.
Eine Königskuchenform fetten. Zwei Esslöffel Teig auf dem Boden der Form verteilen. Im vorgeheizten Backofen bei 250 °C oder unter dem Grill hellbraun backen. Nacheinander drei weitere Teigschichten aus jeweils zwei Esslöffeln Teig backen.
Die Hälfte der Marzipanrohmasse zwischen einer Klarsichtfolie auf Kuchenformgröße ausrollen. Auf den gebackenen Teig legen und wieder mit Teig bestreichen. Wieder drei bis vier dünne Teigschichten backen. Restliche Marzipanrohmasse ausrollen und auf den Teig legen. Weiterarbeiten, bis der Teig verbraucht ist.
Kuchen aus der Form lösen und abkühlen lassen. In Scheiben schneiden und jeweils dritteln. Die Kuvertüre im Wasserbad schmelzen. Die Baumkuchen-Spitzen auf Holzstäbchen stecken. In die Kuvertüre tauchen und auf Backpapier trocknen lassen.

Jörg Meier, Rinteln

Bentheimer Moppen

Honig mit Farinzucker langsam schmelzen. Nicht zu heiß werden lassen, sonst bildet sich Karamell! Abkühlen lassen und mit Butter, Gewürzen, Rum, Mehl, Ei und Pottasche zu einem Teig kneten.

Zwei Tage dunkel und kühl liegen lassen.

Walnussgroße Kugeln formen und auf ein mit Backpapier ausgelegtes Backblech legen.

Bei 160–180 °C knapp zehn Minuten hellbraun backen.

Christa Möller, Ochtrup

Für den Teig

250 g Honig
60 g Farinzucker
2 Esslöffel Butter
1 Teelöffel Zimt
1/2 Teelöffel Kardamon
1/2 Teelöffel gemahlene Nelken
1 Teelöffel Rum
375 g Mehl
1 Ei
1 Teelöffel Pottasche

Birnen-Walnuss-Makronen

Für den Teig

100 g getrocknete Birnen
100 g Sultaninen
2 Likörgläser (4 cl)
Birnengeist
3 Eiweiß
1 Prise Salz
150 g Birnendicksaft
200 g gehackte Walnüsse
ca. 55 Vollkornoblaten

Für die Verzierung

ca. 55 rote Belegkirschen

Birnen in kleine Stücke schneiden. Sultaninen heiß abspülen, auf Küchenkrepp trocknen lassen und fein hacken. Birnen und Sultaninen mit Birnengeist übergießen, ca. 30 Minuten quellen lassen. Dann abtropfen lassen.

Eiweiß mit Salz zu schaumigem Schnee schlagen, Birnendicksaft unterschlagen. Abgetropfte Fruchtwürfel und Walnüsse locker unter den Schnee heben. Diese Makronenmasse auf die Oblaten häufen. Auf ein mit Backpapier ausgelegtes Backblech legen.

Bei 150 °C rund 20 Minuten backen.

Die gebackenen Makronen mit halbierten roten Belegkirschen, eventuell als kleine Sterne ausgestochen, verzieren.

Martina Rademacher, Neuhaus (Oste)

Bischofsbrod

Eier trennen. Zwei Drittel des Zuckers, Eigelb und Zitronenschale schaumig rühren. Eiweiß und den restlichen Zucker schlagen und dazugeben. Dann zunächst Rosinen, Korinthen, Schokolade und Mandeln unter die Eigelbmasse ziehen. Danach das Eiweiß unterheben und zum Schluss gesiebtes Mehl unterziehen. Den Teig fingerdick auf ein mit Backpapier ausgelegtes Blech streichen.

Bei 180 °C goldgelb backen.

Nach dem Backen das Gebäck in fingerlange, gut zwei Zentimeter breite Streifen schneiden. Anschließend werden die Streifen mit der Schnittfläche nach oben auf das Blech gelegt und die Schnittflächen gebräunt.

Erika Siekemeier, Hannover

Für den Teig

280 g Zucker
8 Eier
280 g Mehl
abgeriebene Schale einer Zitrone
125 g Rosinen
125 g Korinthen
125 g bittere Schokolade, klein gewürfelt
125 g gestiftelte Mandeln

Braune Kauken

Für den Teig

500 g Zuckerrübensirup
500 g Butter
500 g Zucker
1500 g Mehl
2 Päckchen Backpulver
1 Päckchen Neunerlei-Kuchengewürz

Für die Verzierung

Puderzuckerguss oder bunter Zucker

Sirup, Butter und Zucker in einem Kochtopf erwärmen, bis Butter und Zucker aufgelöst sind. Die Masse in eine Rührschüssel gießen und Mehl, Backpulver und Kuchengewürz unterrühren oder -kneten.

Den noch lauwarmen Teig möglichst dünn ausrollen, die Kekse ausstechen und auf ein mit Backpapier ausgelegtes Backblech legen.

Im vorgeheizten Ofen bei 200 °C gut zehn Minuten backen.

Die Kekse nach dem Backen sofort mit einem Messer vom Blech lösen. Die fertigen Kekse können mit Zuckerguss bestrichen oder mit buntem Zucker verziert werden, sind aber auch ohne Verzierung lecker.

Tipp:
Die Kekse schmecken auch auf Butterbrot zum Frühstück.

Magrid Olschewski, Alfeld

Bremer Adventssterne

Alle Zutaten für den Teig in eine Schüssel geben und zunächst auf niedriger Stufe vermengen. Dann auf höchster Stufe alles gut verkneten, für eine Stunde kalt stellen.
Die Äpfel schälen, Gehäuse entfernen und in kleine Würfel schneiden. Die Äpfel mit Zucker in einem Topf erhitzen, Sultaninen hinzufügen und unter geringer Wärmezufuhr glasieren. Mit Zimt abschmecken.
Feigen waschen, Stielansatz entfernen, klein schneiden und mit Zucker im Topf karamellisieren.
Den Teig gut durchkneten und auf einer bemehlten Arbeitsfläche einen halben Zentimeter dick ausrollen. Sterne ausstechen und auf ein mit Backpapier ausgelegtes Backblech legen. Bei der Hälfte der Sterne in der Mitte ein Loch oder einen Stern ausstechen. Die Sterne ohne Loch an den Rändern mit verquirltem Ei bestreichen. Die „Lochsterne" dann draufsetzen und andrücken. Das „Loch" abwechselnd mit Äpfeln oder Feigen ausfüllen und mit Ei betupfen.

Im vorgeheizten Ofen auf mittlerer Schiene bei 180 °C etwa zehn Minuten backen.

Kirstin Rürop, Bremen

Für den Teig

250 g Mehl
1 Messerspitze Backpulver
75 g Zucker
125 g gekühlte Margarine
1 Ei

1. Füllung

2 kleine Äpfel
50 g Zucker
25 g Sultaninen
1 kleine Messerspitze Zimt

2. Füllung

100 g getrocknete Feigen
etwas Zucker

Zum Bestreichen

1 Ei

Buttermilch-Kekse

Für den Teig
150 g Puderzucker
150 g Butter
40 g Speisestärke
abgeriebene Schale einer Zitrone
1 Messerspitze Salz
1/2 Tasse (100 g) Buttermilch
300 g Mehl

Puderzucker und Butter verrühren. Speisestärke, Zitronenschale, Salz und Buttermilch dazugeben. Zum Schluss das Mehl unterrühren. Dann den Teig sofort in einen Spritzbeutel füllen und auf ein mit Backpapier ausgelegtes Backblech geben.

Bei 180 °C rund zehn Minuten backen, bis die Kekse goldgelb sind.

Angela Rose, Wilhelmshaven

Buttermonde

Alle Zutaten für den Teig in einer Schüssel verkneten und dann abgedeckt zwei Stunden in den Kühlschrank stellen.

Anschließend auf einer bemehlten Arbeitsfläche ca. drei Millimeter dünn ausrollen. Monde und Sterne ausstechen und die Plätzchen vorsichtig auf ein mit Backpapier ausgelegtes Backblech setzen.

Die Plätzchen mit Ei bestreichen und die Hälfte davon mit Hagelzucker bestreuen.

Im vorgeheizten Ofen bei 190 °C auf der zweiten Schiene von unten etwa zwölf Minuten backen.

Auf einem Kuchengitter abkühlen lassen.

Nicole Wisbar, Hannover

Für den Teig

300 g Mehl
175 g Butterschmalz
125 g Zucker
150 g saure Sahne
2 Eigelb
1 Prise Salz
1 Beutel Orangenschalenaroma

Für die Verzierung

1 verquirltes Ei
30 g Hagelzucker

Cappuccino-Brezeln

Für den Teig
3 Esslöffel Weinbrand oder Rum
3 Esslöffel löslicher Kaffee
150 g Butter
80 g Puderzucker
1 Eigelb
250 g Mehl
1 Prise Salz

Für den Guss
150 g weiße Kuvertüre

Weinbrand oder Rum erhitzen und den Kaffee darin auflösen. Butter, Puderzucker, Eigelb, Mehl und Salz dazugeben und alles langsam zu einem glatten Teig verkneten.

Wenn genügend Zeit ist, den Teig in Folie wickeln und ihn für eine Stunde in den Kühlschrank stellen. Dann lässt er sich besser bearbeiten.

Den Teig nun auf bemehlter Arbeitsfläche zu mehreren Rollen von gut einem Zentimeter Durchmesser formen. Dann gleichmäßige Stücke abschneiden und zu Brezeln formen. Auf ein mit Backpapier ausgelegtes Backblech legen.

Im Backofen rund 15 Minuten bei 180–200 °C backen, danach auskühlen lassen.

Die Kuvertüre schmelzen und die Oberseite der Brezeln hineintauchen. Sofort auf die noch feuchte Kuvertüre etwas Kaffeepulver streuen.

Doreen Adler, Sebnitz

Celler Pferdeäpfel

Kuvertüre, Kokosfett und Butter schmelzen, Puderzucker, Kakao und Kokosflocken (bis auf drei Esslöffel) darunter mischen, Sahne und zuletzt Orangeat zufügen. Die Masse erkalten lassen.

Dann daraus kleine Kugeln drehen und eine Hälfte in Schokostreusel und die andere Hälfte in Kokosflocken wälzen.

Resi Felstermann, Celle

Für den Teig

200 g Kuvertüre
50 g Kokosfett
75 g Butter
75 g gesiebter Puderzucker
1–2 Esslöffel Kakao
250 g Kokosflocken
1–2 Esslöffel Sahne
100 g fein gehacktes Orangeat

Für die Umhüllung

Schokostreusel
Kokosflocken

Champagner-Plätzchen

Für den Teig

250 g Mehl
100 g Puderzucker
2 Päckchen Vanillezucker
1 Prise Salz
4 Eigelb
120 g Butter

Für die Füllung

80 g Butter
80 g Puderzucker
8 Esslöffel Sekt
2 Esslöffel Zitronensaft
Schale einer unbehandelten Zitrone

Für die Verzierung

200 g weiße Schokolade

Aus den Zutaten für den Teig einen Knetteig herstellen und etwa eine halbe Stunde kalt stellen. Anschließend zwei Millimeter dick ausrollen und Kreise von ca. fünf Zentimetern Durchmesser ausstechen. Auf ein mit Backpapier ausgelegtes Backblech legen.

Bei 200 °C sieben bis zehn Minuten backen.

Butter und Puderzucker schaumig rühren, die restlichen Zutaten für die Füllung unterziehen, auf die Hälfte der Plätzchen setzen und mit den anderen Hälften abdecken.

Weiße Schokolade zum Verzieren schmelzen und in Schlangenlinien auf die Kekse spritzen.

Magdalena Rieger, Bad-Essen

Christrosen

Die Butter in Flöckchen mit dem Mehl verbröseln. Zucker, Eigelb, Zitronenschale und Zimt rasch drunterkneten. Den Teig auf einer bemehlten Arbeitsfläche dünn ausrollen und Blumen ausstechen.

Eiweiß und Puderzucker gut schaumig schlagen. Mit Nüssen, Rum und Semmelbröseln vermengen, sodass eine feste Masse entsteht.

Daraus kleine Kugeln formen, auf die Mitte der Blumen legen und leicht andrücken. Die ausgestochenen Plätzchen auf ein mit Backpapier ausgelegtes Blech legen.

Im vorgeheizten Backofen bei 175 °C rund zehn Minuten backen.

Tipp:
Die erkalteten Plätzchen lassen sich gut in einer Keksdose aufbewahren, wenn zwischen den Keksschichten Pergamentpapier liegt. Die Kekse werden erst vor dem Servieren dick mit Puderzucker bestäubt.

Ingeborg Winkelmann, Bramsche

Für den Teig

120 g sehr kalte Butter
200 g Mehl
60 g Zucker
1 Eigelb
1/2 Teelöffel abgeriebene Schale einer unbehandelten Zitrone
1/2 Teelöffel Zimt

Für die Füllung

1 Eiweiß
60 g Puderzucker
60 g geriebene Nüsse
1 Esslöffel Rum
10 Esslöffel Semmelbrösel

Zum Bestäuben

Puderzucker

Dattel-Nester

Für den Teig

50 g Butter
75 g brauner Zucker
1 Ei
1 Prise Salz
250 g Mehl
1/2 Päckchen Backpulver

Für die Füllung

250 g Datteln
250 g Walnüsse

Für den Guss

65 g Butter
160 g Puderzucker
1 Esslöffel Wasser
etwas Rum

Butter schaumig rühren. Zucker, Ei und Salz nach und nach dazugeben. Mehl und Backpulver mischen und unter Rühren in die Eimasse geben. Den Teig eine Stunde lang kalt stellen. Dann ausrollen und runde Formen ausstechen.

Die Datteln vorsichtig entsteinen und jeweils eine halbe Walnuss in die Dattel geben. Um jede gefüllte Dattel behutsam etwas Teig legen, wobei der Einschnitt der Dattel offen bleibt, damit die Nuss sichtbar ist. Auf ein mit Backpapier ausgelegtes Backblech legen.

Im vorgeheizten Ofen bei 200 °C etwa 15 bis 20 Minuten backen. Anschließend abkühlen lassen.

Für den Guss Butter zergehen und dann abkühlen lassen. Puderzucker, Wasser und Rum dazugeben und verrühren. Von dem Guss ein gutes Häufchen auf die Keksöffnung geben und trocknen lassen.

Andrea Steinhauer, Hildesheim

Dattel-Schiffchen

Mehl auf die Arbeitsfläche häufen. Butter in kleine Stücke schneiden und darauf verteilen. Ei in die Mitte geben, alles mit Honig beträufeln und Salz zufügen. Alle Zutaten durchhacken, bis sie schön bröselig sind. Dann den Teig kurz mit den Händen durchkneten und in Folie gewickelt eine Stunde im Kühlschrank ruhen lassen.

Inzwischen die Datteln längs aufschlitzen, den Kern entfernen und die Früchte hacken. Die Hälfte der Mandeln fein mahlen, den Rest grob hacken. Alles in eine Schüssel geben und Creme fraiche, Zimt und Rosenwasser unterrühren. Diese Füllung mit abgeriebener Zitronenschale und etwas Zitronensaft abschmecken.

Den Teig auf etwas Vollkornmehl etwa drei Millimeter dick ausrollen. Die Schiffchenförmchen gut mit Fett auspinseln, auf den Teig legen, fest aufdrücken und ausstechen. Den Teig in die Förmchen drücken und je einen knappen Esslöffel der Füllung draufsetzen. Im vorgeheizten Backofen bei 180 °C rund 15 Minuten backen.

Vera Zimmer, Belm

Für den Teig

250 g Mehl
125 g kalte Butter
1 Ei
2 Esslöffel Honig
1 Prise Salz

Für die Füllung

150 g getrocknete Datteln
125 g Mandeln
2 Esslöffel Creme fraiche
1/2 Teelöffel Zimt
2 Esslöffel Rosenwasser
etwas abgeriebene Schale einer unbehandelten Zitrone
1–2 Esslöffel Zitronensaft

Zum Ausrollen

etwas Vollkornmehl

Arbeitsmaterial

Schiffchenförmchen (erhältlich in gut sortierten Küchenfachgeschäften oder Küchenabteilungen großer Kaufhäuser)

Dominosteine

Für den Teig

250 g Honig
50 g Zucker
100 g Butter
150 g Mehl
1 Teelöffel Lebkuchen-gewürz
20 g Kakao
3 Teelöffel Backpulver
2 Eier
2 Esslöffel Rum

Für die Füllung

Himbeergelee

Für den Guss

Schokoladenglasur

Honig, Zucker und Butter in einem Topf erhitzen. Abkühlen lassen.

Mehl, Lebkuchengewürz, Kakao und Backpulver mischen und sieben. Eier und Rum verquirlen und unter die abgekühlte Honigmasse rühren, dann die Mehlmischung dazugeben. Den Teig auf ein mit Backpapier ausgelegtes Backblech geben.

Bei rund 180 °C ca. 20 Minuten backen.

Der Teig muss auskühlen. Dann in Würfel schneiden und jeden Würfel quer halbieren. Die Hälften mit Gelee füllen und mit Schokolade glasieren.

Edeltraud Oellerich, Wingst

Engelsaugen

Alle Zutaten für den Teig glatt verkneten und ca. 30 Minuten kalt stellen.

Aus dem Teig etwa 20 walnussgroße Kugeln formen. Auf ein mit Backpapier ausgelegtes Backblech setzen. In die Kugeln eine Mulde drücken und mit Gelee füllen.

Im vorgeheizten Ofen bei 200 °C rund 15 Minuten backen. Auskühlen lassen.

Die Kuvertüre im Wasserbad schmelzen, die Unterseite der Kekse darin eintauchen und die Kekse auf Backpapier trocknen lassen.

Monika Rathsmann, Georgsmarienhütte

Für den Teig

100 g Mehl
40 g Puderzucker
1 Päckchen Vanillezucker
abgeriebene Schale einer halben unbehandelten Orange
1 Prise Salz
1 Eigelb
60 g kalte Butter oder Margarine

Für die Füllung

ca. 3 Esslöffel Himbeergelee

Für die Verzierung

1/2 Packung dunkle Kuvertüre

Erdnussbutter-Plätzchen

Für den Teig

75 g Sesamsamen
100 g Butter oder Margarine
100 g Erdnussbutter
1 Prise Salz
1/4 Teelöffel Natron
1/4 Teelöffel Muskatnuss
200 g Zucker
1 Ei
125 g Mehl
1 Teelöffel Backpulver

Sesamsamen auf einem trockenen Backblech verteilen. Etwa 20 Minuten rösten, dabei hin und wieder rühren. Herausnehmen und abkühlen lassen.

Butter und Erdnussbutter schaumig rühren. Nach und nach Salz, Natron und Muskatnuss zugeben. Den Zucker langsam einstreuen. Mit dem Ei verrühren, bis ein glatter Teig entsteht. Mehl auf die Butter-Zucker-Masse sieben. Die Hälfte der gerösteten Sesamsamen dazugeben, mischen.

Mit einem Teelöffel kleine Kugeln abstechen und auf ein mit Backpapier ausgelegtes Backblech setzen. Die Abstände sollten dabei etwa fünf Zentimeter groß sein. Die restliche Hälfte der Sesamsamen auf die Kekse geben.

Im vorgeheizten Ofen auf mittlerer Schiene bei 180 °C rund 20 Minuten backen.

Trautchen Reese, Hannover

Feigen-Paranuss-Traum

Ei, Orangensaft, Zucker, Vanillezucker und Rumaroma mit einem Rührbesen schaumig schlagen. Feigen, Paranusskerne und Mandeln unterheben.

Auf jede Oblate einen Teelöffel der Masse geben, bergartig aufhäufen und auf ein mit Backpapier ausgelegtes Backblech geben.

Im vorgeheizten Ofen bei 130–150 °C rund 25 Minuten backen.

Puderzucker mit Wasser glatt rühren. Gebäck sofort nach dem Backen damit überziehen. Nach Belieben auch mit eingefärbtem Guss verzieren.

Erika Nogaj, Quedlinburg

Für den Teig

1 Ei
1 Esslöffel Orangensaft
125 g Zucker
1 Päckchen Vanillezucker
1/2 Fläschchen Rumaroma
100 g getrocknete, fein gewürfelte Feigen
200 g fein gehackte Paranusskerne
100 g abgezogene fein gemahlene Mandeln
ca. 30 Oblaten

Für den Guss

150 g gesiebter Puderzucker
2–3 Esslöffel Wasser

Florentiner

Für den Teig

200 g Butter
ca. 180 g Zucker
200 g gemahlene Mandeln
100 g gehobelte Mandeln
1 Päckchen Vanillezucker
1–1 1/2 Esslöffel Honig
2 Esslöffel Milch
ca. 60 Oblaten

Für die Verzierung

Nüsse oder Rosinen

Butter in einem Kochtopf zerlassen, nacheinander die anderen Zutaten dazugeben und unter ständigem Rühren goldgelb werden lassen.

Backpapier auf dem Backblech auslegen, Oblaten darauf verteilen. Auf jede Oblate etwa einen Teelöffel der klebrigen Masse verteilen. Als Verzierung kann eine Nuss oder eine Rosine in die Mitte gesetzt werden.

Im vorgeheizten Ofen bei 180 °C unter strenger Beobachtung goldbraun werden lassen.

Die Kekse können während des Backens verlaufen, sind aber nach dem Herausnehmen noch formbar.

Andrea Zwiener, Hamburg

Frucht-Oblaten

Alle Zutaten zu einem glatten Teig verarbeiten. Die Masse auf Oblaten mit einem Durchmesser von 50 Millimetern streichen. Auf ein mit Backpapier ausgelegtes Backblech legen.

Im vorgeheizten Ofen bei 180 °C etwa 20 bis 25 Minuten backen.

Den Puderzucker mit einer Mischung aus frisch gepresstem Orangen- und Zitronensaft verrühren. Den cremigen Guss auf die Frucht-Oblaten streichen.

Andrea Guthof, Ahnatal

Für den Teig

2 Eier
200 g Zucker
1 Päckchen Vanillezucker
Zitronenaroma
250 g getrocknetes Mischobst (Pflaumen, Aprikosen, Birnen, Pfirsiche, Äpfel, Ananas, Melone), ganz klein gewürfelt
120 g gemahlene Mandeln
120 g gemahlene Haselnüsse
ca. 30 Oblaten

Für den Guss

150 g Puderzucker
2–3 Esslöffel frisch gepresster Orangen- und Zitronensaft (gemischt)

Gänsegriebenschmalz-Plätzchen

Für den Teig
1000 g Mehl
1/2 Päckchen Backpulver
400 g Zucker
1 Teelöffel Salz
3 Päckchen Vanillezucker
1 Fläschchen Backöl (Bittermandel)
3 Teelöffel Zimt
1 Teelöffel gemahlene Nelken
1/2 Teelöffel gemahlene Muskatblüte
Saft und abgeriebene Schale einer unbehandelten Zitrone
2 Esslöffel Rum
125 g Gänsegrieben-schmalz
250 g Butter
5 Eier

Alle Zutaten vermengen, zu einem Teig verkneten und ausrollen. Beliebige Formen ausstanzen und auf einem mit Backpapier ausgelegten Backblech verteilen.

Bei 180 °C rund zehn Minuten backen.

Ursula Skrzypkowski, Damme

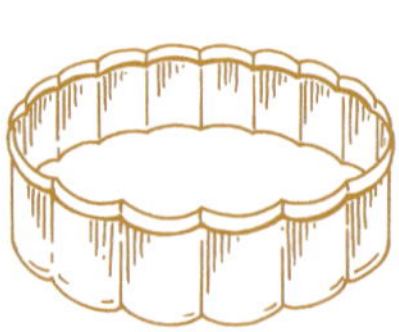

Gefüllter Lebkuchen

Aus den Zutaten einen Teig bereiten und gut durchkneten. Die Hälfte des Teigs ausrollen und auf ein mit Backpapier ausgelegtes Backblech legen. Mit Marmelade bestreichen. Mit fein geschnittenen Früchten und gehackten Nüssen belegen.

Die zweite Teighälfte ausrollen und darüber legen. Mit Ei bestreichen.

Im vorgeheizten Ofen bei 200 °C ca. 20 Minuten backen.

Zum Schluss mit geschälten Mandeln verzieren.

Nach dem Abkühlen in Stücke schneiden und mit Kuvertüre glasieren.

Armin Griepentrog, Hemmingen

Für den Teig

500 g Roggenmehl
200 g Zucker
100 g Honig
2 Eier
1/2 Teelöffel Backpulver
Nelken, Zimt, Kardamon,
ein Schuss Zwetschgenschnaps

Für die Füllung

15 Dörrzwetschgen
5 Feigen
50 g Nüsse
Marmelade

Zum Verzieren

1 Ei
geschälte Mandeln
Kuvertüre

Gefüllte Pistazien-Aprikosen-Hütchen

Für den Teig
250 g Mehl
125 g Zucker
150 g Butter
1 Ei

Für die Füllung:
1 Ei
100 g Marzipanrohmasse
75 g getrocknete Aprikosen
75 g Pistazienkerne
1 Prise Salz

Mehl, Zucker, Butter und Ei zu einem glatten Teig verkneten. Mit kühlen Händen zu einer Kugel formen und in Folie gewickelt ca. eine Stunde kalt stellen.

Für die Füllung Marzipanrohmasse klein schneiden. Aprikosen fein hacken, 50 g Pistazien mahlen. Ein Ei trennen, Eigelb zur Seite stellen. Eiweiß und Salz schaumig schlagen. Marzipanrohmasse, Aprikosen, gemahlene Pistazien und Eischnee mischen.

Teig auf einer bemehlten Fläche dünn ausrollen. Gut sechs Zentimeter große Kreise ausstechen. Jeweils einen Löffel der Füllung in die Mitte der Kreise geben. Teigränder an drei Seiten hochziehen und über der Füllung zusammendrücken, sodass Dreiecke entstehen. Mit verquirltem Eigelb bestreichen.

Restliche Pistazien halbieren und auf die Hütchen setzen. Plätzchen auf mit Backpapier ausgelegte Backbleche legen.

Im vorgeheizten Ofen bei 200 °C ca. 15 Minuten backen.

Auf Backpapier abkühlen lassen und gut verschlossen lagern.

Kerstin Krömer, Oldenburg

Gewürz-Dreiecke

Mehl auf ein Backbrett sieben und zum Kranz auseinander ziehen. Zucker, Ei, Milch und alle Gewürze in die Mitte geben. Butter auf dem Rand verteilen und alles schnell zu einem glatten Teig verarbeiten.

Den Teig zu dreieckigen Stangen formen und gut zwei bis drei Stunden im Kühlschrank ruhen lassen. Danach die Stangen in einen halben Zentimeter dicke Scheiben schneiden und auf ein mit Backpapier ausgelegtes Backblech legen.

Im vorgeheizten Ofen bei 190 °C zwölf bis 15 Minuten backen.

Die Kekse abkühlen lassen und an den Ecken mit Kuvertüre bestreichen.

Iris Arndt, Steinhude

Für den Teig

750 g Mehl
350 g brauner Zucker
1 Ei
5 Esslöffel Milch
Mark einer Vanilleschote
1 Teelöffel Zimt
1 Messerspitze Salz
1 Messerspitze Piment
1 Messerspitze Kardamon
3 Tropfen Bittermandelaroma
300 g weiche Butter

Für die Verzierung

ca. 100 g Kuvertüre

Glühwein-Dreispitze

Für den Glühwein

250 ml Rotwein
abgeriebene Schale einer unbehandelten Zitrone oder Orange
Saft einer halben unbehandelten Zitrone oder Orange
40 g Zucker
3 Gewürznelken
1/2 Zimtstange

Für den Teig

250 g Butter
250 g Zucker
2 Esslöffel Vanillezucker
4 Eier
150 g fein geriebene Kuvertüre
250 g Mehl
1 Päckchen Backpulver
125 ml Glühwein

Für die Glasur

4–5 Esslöffel Glühwein
200 g Puderzucker
120 g gehackte, geröstete Mandeln

Zutaten für den Glühwein erhitzen (nicht kochen) und etwa 20 Minuten ziehen lassen. Danach filtern.

Für den Teig Butter, Zucker und Vanillezucker schaumig schlagen. Eier nach und nach zufügen und kräftig weiter schlagen. Kuvertüre, Backpulver und Glühwein der Reihe nach unter rühren. Zum Schluss das Mehl unterheben und so lange weiterschlagen, bis eine luftige Masse entsteht. Auf ein mit Backpapier belegtes Backblech streichen.

Bei 180 °C rund 20 bis 25 Minuten backen, bis sich eine zarte Kruste bildet.

Aus Puderzucker und dem restlichen Glühwein eine Glasur herstellen. Kuchen nach dem Backen mit der Glasur bestreichen, mit Mandeln bestreuen und trocknen lassen. Danach in Dreiecke schneiden.

Martina Baar, Braunschweig

Granatsplitter

Alle Zutaten für den Teig werden recht schnell zu einem glatten Knetteig verarbeitet. Kurz kühl stellen, dann ausrollen und runde Plätzchen ausstechen. Auf ein mit Backpapier ausgelegtes Backblech legen.

Bei 200–225 °C 15 Minuten lang backen.

Für den Belag Ei und Puderzucker schaumig rühren, die anderen Zutaten zugeben und zum Schluss das zerlassene abgekühlte Kokosfett dazugeben. Ungefähr ein Drittel der Plätzchen in Stücke brechen und ebenfalls unter die Masse geben. Diesen Belag dann bergartig auf die anderen Plätzchen häufen.

Barbara Reisse, Lauenau

Für den Teig

150 g Mehl
1 Teelöffel Backpulver
50 g Zucker
1 Prise Salz
1 Päckchen Vanillezucker
2 Esslöffel Wasser
50 g Margarine

Für den Belag

1 Ei
65 g Puderzucker
1 Päckchen Vanillezucker
30 g Kakao
1 Fläschchen Rum-Aroma
75 g Mandelstifte
125 g Kokosfett

Großmutters feine Kartoffel-Lebkuchen

Für den Teig

200 g Kartoffeln (mehlig kochend)
225 g Mehl
1 1/2 Päckchen Backpulver
360 g Zucker
250 g gemahlene Haselnüsse
50 g fein gehacktes Zitronat
50 g fein gehacktes Orangeat
1 Teelöffel Zimt
1/2 Teelöffel Nelken
3 Eier
ca. 30 runde Oblaten

Für den Guss

Kuvertüre

Die Kartoffeln garen, abkühlen lassen, pellen und durch eine Presse drücken.

Alle Zutaten für den Teig gründlich verrühren und diesen dann mit einem nassen Messer auf Oblaten von ca. 70 Millimeter Durchmesser streichen. Auf ein mit Backpapier ausgelegtes Backblech legen.

Bei 180 °C ca. 15 bis 20 Minuten backen.

Nach dem Erkalten mit Kuvertüre überziehen und erst dann vorsichtig vom Backpapier lösen.

Helga Satorius, Vechta

Hagebutten-Schäumchen

Für den Teig

500 g Zucker
1 Eiweiß
2 Esslöffel Hagebuttenmark
Schale einer halben unbehandelten Zitrone

Die Hälfte des Zuckers mit dem schaumig geschlagenen Eiweiß, dem Hagebuttenmark und der abgeriebenen Zitronenschale schaumig rühren. Nach und nach den Rest des Zuckers dazugeben.

Den Teig ausrollen, beliebige Formen ausstechen und bei rund 100 °C auf einem mit Backpapier ausgelegten Blech trocknen lassen.

Ofentür nicht ganz schließen. Nach dem Backen sofort vom Blech nehmen.

Bianca Hartmann, Westerstede/Ocholt

Harzer Grubenlicht

Für den Teig

280 g Mehl
1 Esslöffel Kakao
1 Teelöffel Backpulver
1 Esslöffel Milch
125 g Zucker
125 g Butter

Für die Füllung

1 Ei
65 g Zucker
125 g Kokosfett
1 Päckchen Vanillezucker
1 Teelöffel Kakao
1 Esslöffel stark gebrühter Kaffee
50 g gemahlene Mandeln

Für den Guss

100 g Puderzucker
2 Esslöffel zerlassene Butter
1–2 Esslöffel Kakao

Alle Zutaten für den Teig schnell verkneten. Dann den Teig ausrollen und mit einem Eierbecher runde Plätzchen ausstechen. Auf ein mit Backpapier ausgelegtes Backblech legen.

Bei 180 °C goldgelb backen.

Die Zutaten für die Füllung gut mischen. Die Hälfte der Kekse mit dieser Füllung bestreichen, mit der anderen Hälfte zusammensetzen. Zum Schluss mit dem Guss oben bestreichen.

Ellen Mallon, Barsinghausen

Harzer Pfeffernüsse

Honig und Zucker in einem Topf auf kleiner Flamme aufkochen, erkalten lassen und mit den anderen Zutaten zu einem Teig verarbeiten. Ammonium und Pottasche jeweils in etwas Wasser auflösen und zum Schluss nacheinander hinzufügen.

Aus dem Teig daumendicke Stangen rollen und davon jeweils zwei Zentimeter breite Stücke abschneiden und auf ein mit Backpapier ausgelegtes Blech legen.

Bei knapp 200 °C rund 15 Minuten backen.

Zucker und Wasser aufkochen, etwas abkühlen lassen und die gebackenen Pfeffernüsse darin eintauchen.

Dagmar Gummert, Bad Harzburg

Für den Teig

1000 g Honig
650 g Zucker
2600 g Mehl
100 g Eier (ca. 2 Stück)
150 g Biskin
40 g Lebkuchengewürz
5 g Zitrone
10 g Ammonium
10 g Pottasche

Für den Guss

1000 g Zucker
250 ml Wasser

Heyer Honigkuchen

Für den Teig

250 g Honig
250 g braunen Rübensaft
130 g Butter oder Margarine
1 Ei
1 Prise Salz
4 Tropfen Bittermandelaroma
1 Päckchen Honigkuchengewürz
1 Päckchen Backpulver
500 g Mehl
125 g gehackte Mandeln
125 g Zitronat

Für den Guss

100 g Puderzucker
1–2 Esslöffel Wasser

Honig, Rübensaft, Butter und Salz langsam erwärmen, verrühren und abkühlen lassen. Ei und Gewürze dazugeben, dann das mit Backpulver vermischte Mehl einrieseln lassen. Mandeln und Zitronat zuletzt unterziehen. Etwa einen Zentimeter dick auf das mit Backpapier ausgelegte Backblech streichen.

Bei 175–200 °C 20 Minuten backen.

Für den Guss den Puderzucker mit ein bis zwei Esslöffel heißem Wasser verrühren und gleich nach dem Backen über den Honigkuchen streichen. Den noch warmen Kuchen in Stücke schneiden.

Ute Hilke, Hannover

Himbeer-Wolken

Backmargarine, Puderzucker und Eiweiß cremig rühren. Salz und Vanillezucker einrühren, zuletzt das Mehl unter den Teig kneten, in Folie wickeln und 30 Minuten kalt stellen.

Den Teig auf einer bemehlten Fläche etwa zwei Millimeter dick ausrollen. Mit Förmchen wolkenförmige Plätzchen ausstechen. Aus der Hälfte der Plätzchen ein kleines Loch ausstechen (überschüssigen Teig wieder mitverarbeiten). Plätzchen auf ein mit Backpapier ausgelegtes Backblech legen.

Im vorgeheizten Ofen bei 200 °C ca. zwölf Minuten backen.

Konfitüre für die Füllung erwärmen und auf die Plätzchen ohne Loch verteilen. Darauf die „Loch"-Plätzchen als Deckel setzen, leicht andrücken und mit Puderzucker bestäuben.

Birgit Harms, Oldenburg

Für den Teig

200 g Backmargarine
125 g Puderzucker
1 Eiweiß
1 Prise Salz
1 Päckchen Vanillezucker
350 g Mehl

Für den Belag

100 g Himbeerkonfitüre

Für das Verzieren

Puderzucker

Hofheimer Honig-Riegel

Für den Teig
250 g weiche Butter
500 g Honig
6 Esslöffel süße Sahne
5 Esslöffel Rum
250 g gemahlene Mandeln
2 Esslöffel geriebene Schale einer unbehandelten Zitrone
4 Teelöffel Zimt
500 g Dinkelmehl
250 g Hirsemehl

Weiche Butter schaumig schlagen. Nach und nach die Zutaten zugeben. Mehlsorten mischen und unterkneten. Den Teig zehn Minuten ruhen lassen.

Ein Blech mit Backpapier auslegen und die Teigmasse darauf gut einen Zentimeter dick verteilen.

Im vorgeheizten Backofen bei 150 °C etwa 20 Minuten backen.

Die noch heiße Masse schneiden und dann erkalten lassen.

Die Riegel sollten 1,5 Zentimeter breit und drei bis vier Zentimeter lang sein. Das Aroma der Kekse entwickelt sich nach rund drei bis vier Tagen.

Maria Bäcker, Lingen

Honig-Nuss-Printen

Honig und Butter erhitzen, etwas abkühlen lassen. Mit den restlichen Teigzutaten verkneten. Auf einer bemehlten Arbeitsfläche drei Millimeter dick zu einem Rechteck ausrollen. In Streifen (ca. 7 x 2,5 Zentimeter) schneiden.

Auf ein mit Backpapier ausgelegtes Backblech legen. Mit Eiweiß bestreichen und mit Kirschen, Pinienkernen und Nüssen verzieren.

Im vorgeheizten Backofen bei 200 °C ca. zwölf bis 15 Minuten backen.

Katharina Petereit, Lüneburg

Für den Teig

375 g Honig
100 g Butter
500 g Mehl
1 Teelöffel Backpulver
je 1/2 Teelöffel gemahlener Zimt,
Nelken, Muskatblüte, Kardamon und Koriander
1 Ei
50 g gehackte Mandeln
je 50 g gehacktes Zitronat und Orangeat

Für die Verzierung

1 Eiweiß
50 g rote kandierte Kirschen
40 g Pinienkerne
je 30 g Kürbis- und Pistazienkerne
je 50 g ganze Haselnüsse, Mandeln und Walnüsse

Honigsterne mit Zimtguss

Für den Teig

250 g Honig
100 g Zucker
100 g Pflanzenmargarine
350 g Weizenmehl
150 g kernige Haferflocken
3 Teelöffel Backpulver
2 Esslöffel Kakao
1 Kaffeelöffel abgeriebene Zitronenschale (unbehandelt)
1 Teelöffel Anis
1 Teelöffel gemahlene Nelken
1 Teelöffel Zimt
2 Esslöffel Vollmilch

Für den Guss

150 g Puderzucker
1 Teelöffel Zimt
3–4 Esslöffel heißes Wasser

Honig zusammen mit Zucker und Margarine langsam erwärmen, bis die Zutaten geschmolzen sind. Anschließend abkühlen lassen. Mehl mit Haferflocken, Backpulver und Kakao mischen, mit den Gewürzen, Milch und der Honigmasse verkneten. In Folie einschlagen und zwei Stunden im Kühlschrank ruhen lassen.

Teig auf bemehlter Arbeitsfläche dünn ausrollen, Sterne ausstechen und auf ein mit Backpapier ausgelegtes Backblech legen.

Im vorgeheizten Ofen auf mittlerer Einschubleiste bei 175 °C zehn Minuten backen. Anschließend auskühlen lassen.

Puderzucker mit Zimt und Wasser glatt rühren und die Sterne damit bestreichen.

Gertrud Hormann, Leer

Johannisbeer-Plätzchen

Mehl und Backpulver mischen, auf die Arbeitsfläche sieben. In die Mitte Zucker, Vanillezucker und Ei geben. Mit einem Teil des Mehls zu einem dicken Brei verkneten. Darauf die klein geschnittene Margarine geben, mit Mehl bedecken, schnell zu einem glatten Teig verkneten und kalt stellen.
Den Teig ausrollen und mit einer runden Form zunächst Plätzchen ausstechen. In die Hälfte dieser Plätzchen in der Mitte ein Loch stanzen (zwei Zentimeter Durchmesser), sodass „Ringe“ entstehen. Alles auf das mit Backpapier ausgelegte Backblech geben.
Bei 175–200 °C sechs bis acht Minuten backen. Das Gebäck erkalten lassen.
Für den hellen Guss die Wasser-Zitronensaft-Mischung mit gesiebtem Puderzucker und Rum mischen. Für den dunklen Guss gesiebten Puderzucker mit Kakao und Wasser vermengen. Diesen dunklen Guss zum Aufspritzen in ein Pergamentpapiertütchen füllen.
Die Ringe vor dem Zusammensetzen mit hellem Guss bestreichen und darauf mit Hilfe eines Schaschlikspießes ein Muster aus dunklem Guss ziehen. Die Plätzchen mit Johannisbeergelee bestreichen und zum Schluss die „Ringe“ draufsetzen.

Nanke Voß, Hamburg

Für den Teig

250 g Mehl
2 Teelöffel Backpulver
100 g Zucker
1 Päckchen Vanillezucker
1 Ei
125 g kalte Margarine

Für die Füllung

3–4 Esslöffel Johannisbeergelee

Für den hellen Guss

200 g Puderzucker
1 Esslöffel Rum
3 Esslöffel Wasser-Zitronensaft-Mischung

Für den dunklen Guss

100 g Puderzucker
ca. 1 Esslöffel Kakaopulver
1 Esslöffel Wasser

Kaiser-Kipferl

Für den Teig
250 g Butter
250 g Mehl
2 große Eigelb
200 g gemahlene Mandeln
2 Vanilleschoten
1 Prise Salz

Für den Vanillepuderzucker
einige Stückchen Würfelzucker
restliches Vanillemark
2 komplette Vanilleschoten
250 g Puderzucker

Alle Zutaten für den Teig (bis auf etwas Vanillemark) gründlich verkneten, zu Rollen formen und eine Stunde im Kühlen ruhen lassen. Danach jeweils walnussgroße Stücke abschneiden, zum Hörnchen biegen, auf ein mit Backpapier ausgelegtes Backblech legen. In der Ofenmitte bei 180 °C nur zart hellbraun werden lassen.
Mit einigen Stücken Würfelzucker in einem Mörser das restliche Mark der zum Teig verwendeten Vanilleschoten herausarbeiten. Das Zucker-Vanillegemisch in eine weite Schüssel sieben. Dann zwei komplette, in Stücke geschnittene Vanilleschoten mit Würfelzucker ausarbeiten. Den Puderzucker zum Zucker-Vanillegemisch sieben und alles gut durchmischen. Die noch heißen Hörnchen im Vanillepuderzucker wälzen. Auskühlen lassen und dann in eine Keksdose geben.

Tipp:
Wenn Sie geschälte geriebene Mandeln verwenden, sind die Plätzchen äußerst zerbrechlich. Nehmen Sie ungeschälte Mandeln, sind die Plätzchen robuster.
Außerdem: Je enger man die Kipferl biegt, desto zerbrechlicher werden sie.

Edith-Gabriele Gottlieb, Walsrode-Düshorn

Kalifen-Ecken

Für den Teig

250 g Honig
100 g Zucker
1 Esslöffel Margarine
2 Esslöffel Wasser
5 g Pottasche
2 Esslöffel Kirschwasser
400 g Mehl
1/2 Teelöffel Muskat
1 Teelöffel gemahlene Nelken
2 Teelöffel Zimt
abgeriebene Schale einer halben Zitrone (unbehandelt)
1 Ei
1 Eigelb
600 g Marzipanrohmasse

Honig, Zucker und Margarine mit zwei Esslöffel Wasser unter Rühren erwärmen, bis sich der Zucker gelöst hat.
Pottasche in Kirschwasser auflösen. Mehl mit Gewürzen und Zitronenschale mischen. Honigmasse und gelöste Pottasche zugeben und alles zu einem glatten Teig verarbeiten. Zwischen Klarsichtfolie zu einem Quadrat von 40 Zentimeter Seitenlänge ausrollen und mit einem verquirlten Ei bestreichen. In acht Zentimeter breite Streifen schneiden.
Aus der Marzipanrohmasse 40 Zentimeter lange Rollen von je zwei Zentimeter Durchmesser formen. Jede Stange in einen Teigstreifen einrollen, mit der Naht nach unten auf ein Blech legen und über Nacht kalt stellen.
Rollen mit Hilfe eines Lineals zu dreieckigen Stangen formen, mit Eigelb bestreichen und in ca. zwei Zentimeter dicke Scheiben schneiden. Diese auf ein mit Backpapier ausgelegtes Backblech setzen.
Im vorgeheizten Backofen bei 200 °C rund 15 Minuten backen.

Astrid Buchwald-Meier, Kirchlinteln

Karamel-Schokoladen-Schnitten

Für den Teig
1 Tasse Mehl
1/2 Teelöffel Backpulver
1 Tasse brauner Zucker
1 Tasse Kokosflocken
125 g geschmolzene Butter

Für die Füllung
400 ml süße Dosenmilch
2 Esslöffel Sirup
1 Esslöffel Butter

Für den Guss
150 g geschmolzene Kuvertüre
20 g Kokosfett

Alle Zutaten für den Teig mischen und in eine flache Form geben. Für zehn Minuten bei 180 °C backen.

Die Zutaten für die Füllung in einen Kochtopf geben, bei kleiner Flamme unter Rühren zum Kochen bringen. Danach fünf Minuten weiterrühren.

Gleichmäßig über den Tortenboden verteilen und nochmals für zehn Minuten backen. Dann abkühlen lassen.

Die Zutaten für den Guss in einen Topf geben und bei kleiner Flamme schmelzen. Über den Kuchen verteilen und kühl stellen. Sobald der Guss fest ist, kann der Kuchen in Stücke geschnitten werden.

Christel Fenski, Elsfleth

Katzenpfoten

Alle Zutaten zu einem festen Teig verarbeiten und zu länglichen Rollen von drei bis vier Zentimeter Durchmesser formen.

Über Nacht kühl stellen. Am nächsten Tag in einen halben Zentimeter dicke Scheiben schneiden und auf ein mit Backpapier ausgelegtes Backblech legen.

Bei 175–180 °C in zehn bis 15 Minuten goldgelb backen.

Edith von Bennigsen-Mackiewicz, Einbeck

Für den Teig

500 g Mehl
1/2 Päckchen Backpulver
500 g Zucker
4 Eier
250 g ganze, geschälte Mandeln
125 g gewürfeltes Zitronat
1 Messerspitze gemahlener Zimt
1 Messerspitze gemahlene Nelken

Kirsch-Weihnachtsplätzchen

Für den Teig
250 g Mehl
125 g Zucker
1 Päckchen Vanillezucker
1 Prise Salz
1 Ei
1 Esslöffel Kirschwasser
80 g Margarine

Für den Guss
150 g Puderzucker
6 Esslöffel Kirschwasser

Für die Verzierung
rote kandierte Kirschen

Aus den Teigzutaten schnell einen Teig herstellen und 30 Minuten im Kühlschrank ruhen lassen. Den Teig auf einer bemehlten Arbeitsfläche dünn ausrollen und mit Förmchen Plätzchen ausstechen. Auf ein mit Backpapier ausgelegtes Backblech legen.

Im vorgeheizten Ofen bei 220 °C 15 Minuten backen.

Nach dem Backen die Kekse mit Guss versehen und mit Kirschen belegen.

Dagmar Armour, Portslade/E. Sussex

Kleine Windmühle (Mohnkekse)

Butter, Eier, Vanillezucker, Zucker und Mehl nach und nach zu einem Teig vermengen und ausrollen. Mit einem Glas Plätzchen von fünf bis sechs Zentimeter Durchmesser ausstechen.

Jeweils einen Viertel Teelöffel des backfertigen Mohns in die Mitte geben. Die Plätzchen an drei Stellen hochziehen und etwas festdrücken. Auf ein mit Backpapier ausgelegtes Blech legen.

Bei 200 °C auf mittlerer Schiene zwölf bis 15 Minuten backen.

Sofort nach dem Backen mit Puderzucker bestreuen.

Heike Müller, Göttingen

Für den Teig

150 g Butter
2 Eier
1 Päckchen Vanillezucker
150 g Zucker
375 g Mehl
backfertiger Mohn

Zum Bestäuben

Puderzucker

Klopfende Herzen

Für den Teig

250 g Mehl
1 Messerspitze Backpulver
75 g Zucker
1 Päckchen Vanillezucker
2 Esslöffel Sherry oder Wasser
150 g Margarine

Zum Bestreichen

1 Eigelb
1 Esslöffel Milch
Kandisfarin

Für die Füllung

Johannisbeergelee

Aus allen Zutaten einen Teig erstellen, kurz kalt stellen und dann in kleinen Portionen dünn ausrollen.

Herzen ausstechen. Die Hälfte der Herzen mit einer kleineren Herzform nochmals ausstechen (überflüssigen Teig wieder mit verarbeiten). Alle Herzen auf ein mit Backpapier ausgelegtes Backblech legen.

Eigelb mit einem Esslöffel Milch verrühren. Die ausgestochenen Herzen an den Rändern mit Eigelbmilch bestreichen und mit Kandisfarin bestreuen.

Bei 170–200 °C im vorgeheizten Ofen acht bis zehn Minuten backen. Danach vom Backblech lösen und erkalten lassen.

Für die Füllung das Johannisbeergelee unter Rühren etwas einkochen lassen. Die innen nicht ausgestochenen Herzen damit bestreichen. Mit den ausgestochenen Herzen belegen. In die Öffnung nochmals Gelee geben.

Christiane Zurawski, Celle

Knusperhäufchen

Für den Teig

150 g Margarine
1 Prise Salz
75 g Zucker
1 Päckchen Bourbon-Vanillezucker
1 Ei
100 g Sultaninen
50 g Sonnenblumenkerne
20 g Sesam
75 g Kokosflocken
200 g Weizenmehl

Für die Verzierung

Puderzucker

Margarine, Salz, Zucker und Vanillezucker cremig rühren. Ei und Sultaninen dazugeben.

Sonnenblumenkerne, Sesam und Kokosflocken in einer Pfanne leicht anrösten, erkalten lassen und unter den Teig heben. Zum Schluss Mehl unterkneten.

Mit zwei Teelöffeln kleine Teighäufchen auf ein mit Backpapier ausgelegtes Blech setzen.

Im vorgeheizten Backofen bei 180 °C ca. 20 Minuten goldbraun backen.

Die erkalteten Knusperhäufchen nach Belieben mit Puderzucker bestäuben.

Anna Helbig, Homberg

Kokoskuppeln

Für den Teig

500 g Mehl
250 g Butter
200–250 g Zucker
2–3 Eier oder 6 Eigelb

Für die Makronen

5 Eiweiß
500 g Zucker
500 g sehr feine Kokosraspeln

Für die Füllung

120 g Butter
120 g Zucker
2 dicke Riegel geriebene, herbe Backschokolade
etwas Rum

Für die Verzierung

Schokoguss oder -kuvertüre

Aus Mehl, Butter, Zucker und Eiern oder Eigelb einen glatten Teig herstellen. Ausrollen und kleine runde Kekse von ungefähr zwei Zentimeter Durchmesser ausstechen. Auf ein mit Backpapier ausgelegtes Backblech legen.

Bei 175 °C rund acht Minuten hell backen.

Kokosmakronen herstellen: Eiweiß schaumig schlagen, Zucker und Kokosraspeln einrieseln lassen. Mit einer Backspritze lassen sich die Makronen in Form bringen.

Alle Zutaten für die Füllung zu einer Creme verrühren und eventuell kalt stellen. Auf jeden Keks etwas Schokocreme geben und eine Kokosmakrone draufsetzen.

Die zusammengesetzten Kekse so in Schokoladenguss oder -kuvertüre tauchen, dass Keks, Füllung und der unterste Rand der Makronen mit Schokoladenguss überzogen wird. Auf Alufolie erkalten lassen.

Helga Plamann, Lüneburg

Kokos-Orangen-Plätzchen

Aus Mehl, Speisestärke, Backpulver, Ei, Salz, Orangenschale und Orangensaft, Zucker und Margarine einen Teig erstellen. Kokosraspeln drunterarbeiten, Teig zu einer Rolle formen und in den Kühlschrank stellen. Den kühlen Teig dann in einen halben Zentimeter dicke Scheiben schneiden und auf ein mit Backpapier ausgelegtes Backblech legen.

Bei 200 °C rund zehn bis 15 Minuten backen.

Puderzucker mit Orangensaft verrühren und die ausgekühlten Plätzchen damit bestreichen. Mit gerösteten Kokosraspeln verzieren.

Monika Dieken, Lüneburg

Für den Teig

175 g Mehl
75 g Speisestärke
1 Teelöffel Backpulver
1 Ei
1 Prise Salz
abgeriebene Schale einer unbehandelten Orange
2 Esslöffel Orangensaft
125 g Zucker
125 g Margarine
100 g Kokosraspeln

Für den Guss

100 g Puderzucker
2–3 Esslöffel Orangensaft

Für die Verzierung

geröstete Kokosraspeln

Kümmel-Kekse

Für den Teig
150 g Butter
200 g Fruchtzucker
1 Ei
1 Esslöffel Kümmel
2 Esslöffel Weinbrand
200 g Vollkornmehl
1 1/2 Teelöffel Backpulver
1/2 Teelöffel Salz

Butter schaumig rühren, Fruchtzucker löffelweise unterheben. Dann Ei, Kümmel, Weinbrand und zuletzt das mit Backpulver und Salz vermischte Mehl unterrühren. Gut verkneten. Den Teig eine Stunde lang kühl stellen.

Dann den Teig zwei bis drei Millimeter dick ausrollen und verschiedene Formen ausstechen. Die Plätzchen auf ein mit Backpapier belegtes Backblech setzen und mit Zucker bestreuen.

Bei 180 °C zehn bis zwölf Minuten backen.

Renate Janßen, Bremen

Leckere Weihnachtshappen

Butter, Ei, Honig, Vanillezucker und Salz schaumig rühren. Haferflocken mit Backpulver mischen und zusammen mit Nüssen, Rosinen und Blockschokolade unter die Cremasse rühren.

Mit zwei Teelöffeln walnussgroße Häufchen auf ein mit Backpapier ausgelegtes Backblech setzen.

Auf der mittleren Schiene im vorgeheizten Ofen bei 180–200 °C zehn bis 15 Minuten backen.

Für den Guss Puderzucker mit Wasser, zerlassener Butter und Backaroma verrühren. Die ausgekühlten Plätzchen damit bestreichen und jedes mit bunten Streuseln bestreuen.

Ruth Sroka, Emmerthal

Für den Teig

100 g Butter oder Margarine
1 Ei
100 g Honig
1 Päckchen Vanillezucker
1 Messerspitze Salz
125 g Haferflocken
1 gestrichener Teelöffel Backpulver
100 g gehackte Walnüsse
60 g Rosinen
100 g gehackte Blockschokolade

Für den Guss

100 g Puderzucker
1 Esslöffel heißes Wasser
1 Esslöffel zerlassene Butter
1/2 Flasche Backaroma Butter-Vanille

Für die Verzierung

bunte Streusel

Lieschens

Für den Teig

350 g kernlose Rosinen
125 ml Bourbon Whisky
60 g Butter oder Margarine
100 g brauner Zucker
2 Eier
180 g Mehl
1/2 Päckchen Backpulver
1 1/2 Teelöffel gemahlener Zimt
je 1 1/2 Teelöffel Nelkenpulver und geriebene Muskatnuss
je 400 g halbierte Pecan- oder Walnüsse und kandierte Kirschen
20 g Margarine zum Einfetten

Ergibt 70 Stück auf zwei Blechen.

Rosinen mit Whisky in einen Topf geben, zudecken und über Nacht ziehen lassen. Am nächsten Tag auf dem Küchensieb gut abtropfen lassen.

Butter mit Zucker und Eiern in einer Schüssel schaumig rühren. Mehl und Backpulver darüber sieben. Zimt, Nelkenpulver und geriebene Muskatnuss zugeben. Alles zu einem glatten Teig verarbeiten. Rosinen, Nüsse und Kirschen drunterkneten.

Backblech mit Backpapier auslegen. Teig teelöffelweise abstechen und als kleine Häufchen auf das Blech setzen.

Auf mittlerer Schiene im vorgeheizten Ofen 20 Minuten bei 180 °C backen. Danach auf dem Küchendraht auskühlen lassen.

Tipp:
Lieschens lassen sich gut auf Vorrat backen. In verschlossenen Dosen bleiben sie mindestens drei Monate frisch. Eingefroren halten sie sich mindestens ein halbes Jahr. Für eine Abwandlung, die sehr gut schmeckt, können statt der Rosinen auch Feigen genommen werden.

Ursula Schulz, Wolfenbüttel

Mandelbusserl

Mandelstifte auf ein Backblech schütten und im Backofen hellbraun rösten. Dabei mehrmals umwenden, damit sie eine gleichmäßige Farbe bekommen.

Mandeln abkühlen lassen und mit Zitronat, Orangeat und Rosinen mischen. Schokolade im Wasserbad auflösen, etwas abkühlen lassen und mit den übrigen Zutaten mischen. Kleine Häufchen auf das Pergamentpapier setzen und erstarren lassen.

Sollte die Schokolade während der Verarbeitung in der Schüssel schon fest werden, muss sie nochmals im Wasserbad erwärmt werden.

Elisabeth Drews, Bremen

Die Zutaten

250 g geschälte gestiftete Mandeln
50 g Zitronat, fein gewürfelt
50 g Orangeat, fein gewürfelt
100 g Rosinen
350 g Zartbitterschokolade

Marzipan-Sandgebäck

Für den Teig

250 g Marzipanrohmasse
2 Eier
20 g Butterschmalz
200 g Zucker
50 ml Milch
Mark einer Vanilleschote oder Vanillepulver
geriebene Schale einer halben unbehandelten Zitrone
1 Prise Salz
300 g Mehl

Für die Verzierung

150 g Zartbitterkuvertüre

Marzipanrohmasse in kleine Stücke schneiden, mit den Eiern glatt rühren. Butterschmalz, Zucker und Milch gut aufschlagen und zur Ei-Marzipanmasse geben. Schließlich Milch, Vanillemark, geriebene Zitronenschale und Salz hinzufügen. Zum Schluss Mehl unterrühren. Die Masse muss richtig aufgeschlagen werden, damit sie auch spritzfähig ist.

Den Teig in einen Spritzbeutel mit Sterntülle füllen und längliche Plätzchen auf ein mit Backpapier ausgelegtes Backblech geben.

Bei 180 °C zehn bis 15 Minuten backen. Anschließend auskühlen lassen.

Die Kuvertüre grob hacken und im Wasserbad schmelzen. Die Unterseite der Kekse in die Kuvertüre tauchen, abtropfen lassen und auf Backpapier trocknen lassen.

Lieselotte Rausch, Braunschweig

Möhren-Kartoffel-Kekse

Kartoffeln kochen, abpellen und zerdrücken, mit Joghurt glatt rühren. Möhren und Apfel raspeln und mit allen anderen Zutaten zu einem Knetteig vermengen. Daraus vier Rollen formen, jede in Alufolie verpacken und für eine Stunde in die Gefriertruhe legen.

Die Rollen nach dem Kühlen in ein Zentimeter dicke Scheiben schneiden. Auf ein mit Backpapier ausgelegtes Backblech setzen.

Bei 180–200 °C goldgelb backen.

Die Kekse können mit Eigelb, Nüssen, Puderzucker oder Apfelgelee versehen werden.

Tipp:
Der Teig kann auch auf Vorrat eingefroren werden.

Inge Schmidt, Berne

Für den Teig

400 g Kartoffeln
150 g Naturjoghurt
200 g Möhren
1 Apfel
50 g Haferflocken
500 g Mehl
4 Esslöffel Zucker
1 Esslöffel Sirup
30 g Marzipan
1 Päckchen Backpulver
1 Päckchen Vanillezucker
2 Eier
30 g Butter
30 g Margarine
3 Esslöffel Zitronensaft

Für die Verzierung

Eigelb, Nüsse, Puderzucker oder Apfelgelee

Mohn-Ochsenaugen

Für den Teig

330 g Butter
140 g Puderzucker
Prise Salz
Schale einer unbehandelten Orange
Mark einer Vanilleschote
1 Ei
400 g Mehl
140 g Mohn

Für die Füllung

200 g Brombeergelee
2 Esslöffel Puderzucker

Butter, Puderzucker, Salz, Orangenschale und Vanillemark zu einer Masse verrühren. Ei einarbeiten und Mehl darüber sieben. Schließlich Mohn dazugeben, alles zu einem glatten Teig verkneten, zu Rollen formen und über Nacht kalt stellen.

Am nächsten Tag die Rollen in etwa ein Zentimeter lange Stücke schneiden. Daraus Kugeln formen und Vertiefungen hineinstechen. Auf ein mit Backpapier ausgelegtes Backblech legen.

Bei 150 °C rund zehn Minuten backen.

Nach dem Backen das Gelee erwärmen und in die Vertiefungen träufeln. Nach Geschmack entsprechend viel Puderzucker darüber geben.

Ariane Aue, Rosdorf

Müsli-Plätzchen

Aprikosen in kleine Würfel schneiden und mit Mandeln in einer Schüssel gut vermischen. Öl mit Zucker und Sahne aufkochen lassen. Die Aprikosen-Mandel-Mischung, Haferflocken und Mehl dazugeben und gut unterrühren. Eiweiß mit Salz sehr schaumig schlagen und unter den Teig heben.

Ein Backblech mit Backpapier auslegen und den Teig in kleinen Häufchen darauf verteilen.

Im vorgeheizten Backofen bei 180 °C zehn bis 15 Minuten backen.

Die Kuvertüre im Wasserbad auflösen und mit einem Pinsel auf die Plätzchen verteilen.

Christina Roelfes, Spelle

Für den Teig

150 g getrocknete Aprikosen
50 g gehackte Mandeln
3 Esslöffel Öl
125 g brauner Zucker
100 ml süße Sahne
100 g Haferflocken
20 g Mehl
1 Eiweiß
1 Prise Salz

Für den Guss

100 g Zartbitterkuvertüre

Narvik-Plätzchen

Für den Teig
160 g Butter
300 g Zucker
1 Päckchen Vanillezucker
2 Eier
je 1 Messerspitze gemahlener Muskat, Zimt, Kardamon, Nelken
100 g gehackte Nüsse
100 g gehackte oder geschnittene Rosinen
2 gestrichene Teelöffel Backpulver
320 g Mehl

Butter, Zucker, Vanillezucker und Eier schaumig rühren. Gewürze und Früchte einrühren. Das mit dem Backpulver gemischte Mehl nach und nach darauf sieben und alles zu einem glatten Teig verarbeiten.

Mit einem in Wasser getauchten Teelöffel kleine Häufchen auf ein mit Backpapier ausgelegtes Backblech setzen.

Auf der dritten Schiene von unten bei mittlerer Hitze um 175 °C etwa 15 Minuten backen.

Constanze Drohn, Vechelde

Niedersachsen-Hütchen

Butter cremig rühren, Eier, Eigelb und Puderzucker untermischen. Mehl dazusieben und Lebkuchengewürz unterkneten. Ein bis zwei Stunden kalt stellen, ausrollen und Dreiecke ausschneiden.

Jedes Dreieck mit Pflaumenmus bestreichen und die Ecken so überschlagen, dass Hütchen entstehen. Mit Eigelb bepinseln und auf ein mit Backpapier ausgelegtes Backblech setzen.

Im vorgeheizten Backofen bei 175 °C rund 18 Minuten backen.

Evelyn Koschuth, Schiffdorf-Spaden

Für den Teig

200 g Butter
2 Eier
3 Eigelb
250 g Puderzucker
500 g Mehl
1/2 Päckchen Lebkuchengewürz

Für die Füllung

1/2 Tasse Pflaumenmus

Zum Bestreichen

1 Eigelb

Nougat-Stangen

Für den Teig

225 g Butter
100 g Puderzucker
1 Esslöffel Naturvanillezucker
3 Eigelb
2 Messerspitzen Zimt
200 g Mehl
40 g Kakao
1 gestrichener Teelöffel Weinsteinpulver
125 g gemahlene Haselnüsse

Für die Füllung

Nougatmasse oder Nussnougatcreme

Für den Guss

150 g Zartbitterkuvertüre

Aus den Zutaten einen geschmeidigen Teig herstellen. In einen Spritzbeutel mit Sterntülle füllen und etwa vier Zentimeter lange Stangen auf das mit Backpapier ausgelegte Backblech spritzen.

Bei ca. 175 °C sieben bis zehn Minuten backen.

Nach dem Erkalten die eine Hälfte der Stangen mit Nougatmasse oder Nussnougatcreme bestreichen, die andere Hälfte darauf setzen und gut andrücken. Zuletzt beide Enden der Stangen in Schokoladenglasur tauchen und auf Backpapier trocknen lassen.

Ingrid Jauernig, Wedemark

Nuss-Lebkuchen

Eier und Zucker schaumig rühren, die übrigen Zutaten nach und nach hinzufügen. Den fertigen Teig auf die Oblaten streichen. Auf ein mit Backpapier ausgelegtes Backblech legen.

Bei knapp 100 °C rund zehn Minuten backen.

Hildegard Wolff, Rotenburg/Wümme

Für den Teig

5 Eier
500 g Zucker
500 g gemahlene Haselnüsse
150 g Zitronat
5 g Zimt
1/2 geriebene Muskatnuss
abgeriebene Schale einer halben Zitrone
2 Esslöffel Arrak oder Rum
ca. 30–40 Backoblaten

Nuss-Schnecken

Für den Teig

250 g Mehl
1/2 gestrichener Teelöffel Backpulver
50 g Zucker
1 Päckchen Vanillezucker
1 Ei
125 g Butter

Für die Füllung

125 g gemahlene Haselnüsse
75 g Zucker
1 Päckchen Vanillezucker
1 Eiweiß
1/2 Eigelb
2 Esslöffel Weinbrand
100 g fein gehackte Rosinen

Für den Belag

50 g Zucker
1/2 Teelöffel Zimt

Für das Bestreichen

1/2 Eigelb
1 Esslöffel Milch

Die Zutaten für den Teig der Reihenfolge nach verkneten. Sollte der Teig kleben, muss er eine Zeit lang kalt stehen.

Für die Füllung Haselnüsse, Zucker, Vanillezucker, Eiweiß, Eigelb und Weinbrand zu einer geschmeidigen Masse verrühren. Rosinen hinzufügen.

Den Teig in drei Teile teilen und jedes zu einem Rechteck von 30 x 25 Zentimeter ausrollen. Die Füllung auf die Teigstücke verteilen. Jedes von der längeren Seite her aufrollen und am besten über Nacht kalt stellen, damit es hart wird.

Die Rollen in einen halben Zentimeter dicke Scheiben schneiden, eine Seite in die Zimt-Zucker-Mischung drücken, mit dieser Seite auf ein mit Backpapier ausgelegtes Blech legen. Milch und Eigelb verschlagen und den Teig damit bestreichen.

Bei 175-200 °C gut zehn bis 15 Minuten backen.

Erika Mainhardt, Oldenburg

Ohlumer Dreiecken

Alle Zutaten für den Teig kalt kneten. 15 Minuten ruhen lassen, dann einen halben Zentimeter dick ausrollen. In viereckige Stücke schneiden und jeweils mit einem Teelöffel Marmelade bestreichen.

Die Ränder mit Wasser abstreichen, damit der Überschlag klebt und auch beim Backen nicht wieder umklappt. Zu Dreiecken zusammenklappen und fest zusammendrücken. Mit Eiweiß bestreichen und mit Zucker bestreuen. Auf ein mit Backpapier ausgelegtes Backblech legen.

Bei 175–200 °C 20 bis 30 Minuten backen.

Elisabeth Grube, Hohenhameln-Ohlum

Für den Teig

200 g Butter
200 g Mehl
10 g Hefe
2 Eigelb
1 Prise Salz
3 Esslöffel Milch

Für die Füllung

je nach Belieben Erdbeer-, Kirsch- oder Aprikosenmarmelade

Für die Verzierung

2 Eiweiß
etwas Zucker

Orangen-Sterne

Für den Teig
250 g Mehl
125 g Butter
80 g Zucker
2 Esslöffel saure Sahne
1 Päckchen Orangenback oder abgeriebene Schale einer unbehandelten Orange

Für die Glasur
60 g Puderzucker
2 Esslöffel Orangensaft (am besten frisch gepresst)
2 Teelöffel Anis (ganz)

Teigzutaten verkneten und 30 Minuten kalt stellen. Dünn ausrollen. Rund 60 Sterne ausstechen und auf ein mit Backpapier ausgelegtes Backblech legen.

Bei 200 °C rund zehn Minuten backen. Auskühlen lassen.

Puderzucker mit Orangensaft und Anis verrühren, Orangen-Sterne damit bestreichen.

Martina Thye-Moormann, Oldenburg

Ostfriesische Neujahrskuchen

Zucker oder Kandis in einem Viertelliter lauwarmem Wasser auflösen und damit den Teig anrühren. Die übrigen Zutaten hinzufügen.

Im Waffeleisen ausbacken.

Bitte beachten: Zu diesem Rezept brauchen Sie ein spezielles Waffeleisen für Neujahrskuchen.

Wilma Peters, Krummhörn

Für den Teig

150 g Zucker oder Kandis
250 ml lauwarmes Wasser
250 g Mehl
175 g Butter
1 Ei
Kardamon
Zimt oder Anis, je nach Geschmack

Pfaffenhütchen

Für den Teig
250 g Weizenmehl
1 Messerspitze Backpulver
75 g Zucker
1 Päckchen Vanillezucker
1 Eigelb
2–3 Esslöffel Orangenlikör oder Rum
100 g weiche Butter

Für die Füllung
200 g Marzipanrohmasse
1 Esslöffel Orangenlikör oder Rum
1 Ei
1 Esslöffel Sahne

Für die Verzierung
25 Walnuss- oder Mandelhälften
30 g Puderzucker

Aus den Zutaten einen Knetteig herstellen, zu einer Kugel formen und 30 Minuten in den Kühlschrank stellen. Anschließend zwischen zwei Folien dünn ausrollen. Mit einem Schnapsglas Kreise ausstechen.

Marzipanrohmasse mit Likör oder Rum verkneten. Ei trennen und die Plätzchen mit dem Eiweiß bestreichen. In die Mitte jeweils einen Klecks Marzipanmasse setzen. Danach den Rand der Kekse von drei Seiten hochklappen und über der Füllung gut zusammendrücken, sodass ein Hütchen entsteht. Eigelb und Sahne verquirlen und die Hütchen damit bestreichen.

Je nach Geschmack mit Mandeln oder Walnüssen belegen und andrücken. Auf ein mit Backpapier ausgelegtes Backblech legen.

Im vorgeheizten Ofen bei 200 °C auf mittlerer Schiene zehn bis 15 Minuten backen.

Nach dem Auskühlen mit Puderzucker bestäuben.

Katja Nachtnebel, Göttingen

Pfefferkuchen-Plätzchen

Honig, Sirup, Zucker und Butter in einem Kochtopf flüssig werden lassen. Nicht kochen! Eier schlagen, Mandeln zufügen. Mehl, Gewürze und die flüssige, abgekühlte Honig-Sirup-Masse zugeben, gut verrühren. Zum Schluss die aufgelöste Treibkraft gut unterarbeiten.
Der Teig sollte ca. zehn bis 14 Tage an einem kühlen Ort, nicht jedoch im Kühlschrank, in einem Steingut- oder Porzellangefäß, mit einem Tuch bedeckt, ruhen.
Dann ausrollen, beliebig formen und ausstechen. Auf ein mit Backpapier ausgelegtes Backblech legen.
Die Kekse bei 180–190 °C backen. Die Backzeit liegt zwischen zwölf und 15 Minuten, richtet sich aber nach der Dicke der Pfefferkuchen. Allerdings dürfen die Kekse nicht zu braun werden.
Die kalten Plätzchen mit Schokoladen-, Puderzuckerguss oder Perlen verzieren.

Tipp:
Die Plätzchen schmecken besser, wenn sie einige Tage vor dem Verzehr in Steintöpfen oder Blechdosen liegen.

Irmgard Ludwig, Goslar

Für den Teig

500 g Honig
evtl. 1 Esslöffel Sirup
200 g Zucker
250 g Butter oder Margarine
2 Eier
50–100 g gehackte oder gemahlene Mandeln
1000 g Mehl
1 Prise Salz
1 oder 1 1/2 Päckchen Pfefferkuchengewürz Neunerlei
1 Päckchen Treibkraft (kein Backpulver, sondern Pottasche oder Hirschhornsalz)
2–3 Esslöffel Rosenwasser oder Kirschwasser zum Auflösen des Treibmittels

Für die Verzierung

Schokoladen- oder Puderzuckerguss
Zuckerperlen

Pfeffernüsse

Für den Teig

1000 g Sirup
250 g Butter
250 ml Sahne
750 g Zucker
1/2 Fläschchen Bittermandel-Aroma
250 g Mandeln (gehobelt, gehackt oder gemahlen)
1 Esslöffel Neunerlei-Gewürz
2000 g Mehl
2 Teelöffel Pottasche
Saft einer Zitrone

Sirup, Butter und Sahne bei schwacher Hitze dünn werden lassen. Zucker darin auflösen. Aroma und Mandeln hinzufügen. Die Masse zum gesiebten Mehl und dem Kuchengewürz geben, langsam vermischen.

Pottasche in Zitrone auflösen, zuletzt dazugeben und alles gut durchkneten.

Am gleichen oder am nächsten Tag Rollen formen, in ein Zentimeter dicke Scheiben schneiden und mit den Fingern auf das mit Backpapier ausgelegte Backblech drücken. Nach Belieben ist auch das Ausstechen möglich.

Bei 180–200 °C rund 15 Minuten abbacken.

Helga Doerenbruch, Hasbergen

Pinienkern-Plätzchen

Pinienkerne für den Teig in einer Pfanne ohne Fett rösten, abkühlen lassen und in einer Mandelmühle fein mahlen. Zusammen mit den übrigen Zutaten einen Teig herstellen und für eine Stunde kalt stellen.

Teig ausrollen, Plätzchen ausstechen und auf ein mit Backpapier ausgelegtes Backblech legen.

Im vorgeheizten Ofen bei 175 °C 15 Minuten backen.

In der Zwischenzeit für das Baiser Eiweiß schaumig schlagen, Puderzucker und Pinienkerne zugeben. Die Masse auf die Plätzchen streichen und noch mal für fünf Minuten in den Ofen schieben.

Danach mit Puderzucker bestreuen.

Helga Schleicher, Schneverdingen

Für den Teig

100 g Pinienkerne
250 g Mehl
50 g Zucker
2 Päckchen Vanillezucker
150 g Butter
1 Eigelb
Mehl zum Ausrollen

Für das Baiser

1 Eiweiß
75 g Puderzucker
120 g Pinienkerne

Für die Verzierung

1 Esslöffel Puderzucker

Pistazien-Tannenbäume

Für den Teig

150 g Mehl
100 g Zucker
1 Päckchen Vanillezucker
1 Prise Salz
25 g gemahlene Pistazien
50 g gemahlene Mandeln
1–2 Tropfen Backöl Zitrone
abgeriebene Schale einer halben unbehandelten Limette
1 Eigelb
100 g weiche Butter oder Margarine

Für den Guss

150 g Puderzucker
ca. 2 Esslöffel Wasser
abgeriebene Schale einer halben unbehandelten Limette
1 Esslöffel Limettensaft

Für die Verzierung

25 g gemahlene Pistazien
Puderzucker

Die Teigzutaten verkneten und ein bis zwei Stunden kalt stellen. Den Teig anschließend ausrollen und mit Weihnachtsbaum-Formen ausstechen. Auf ein mit Backpapier ausgelegtes Backblech legen.

Im vorgeheizten Backofen bei 175 °C auf mittlerer Schiene ca. acht bis zehn Minuten backen. Danach auskühlen lassen.

Puderzucker und Wasser verrühren. Limettenschale und -saft hinzufügen. Plätzchen damit bestreichen. Mit gemahlenen Pistazien bestreuen. Guss trocknen lassen. Nach Wunsch mit Puderzucker bestreuen.

Sigrun Blechert, Bodenwerder

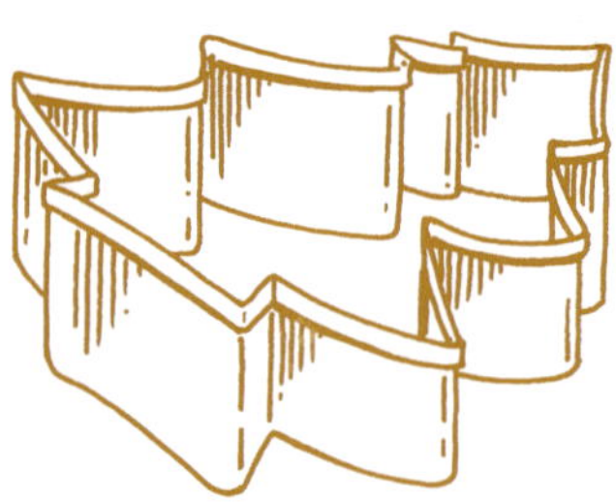

Plätzchen aus gekochten Eiern

Butter und Zucker schaumig rühren. Eigelb durch ein Haarsieb streichen und zur Butter-Zucker-Masse geben.

Dann ein ganzes rohes Ei und ein Eigelb sowie das Mehl dazugeben und alles zu einem Knetteig verarbeiten. Den Teig eine halbe Stunde im Kühlschrank ruhen lassen.

Danach den Teig ausrollen und beliebige Formen ausstechen. Auf ein mit Backpapier ausgelegtes Backblech legen.

Bei 180 °C knapp zehn Minuten goldgelb backen.

Nach Belieben mit Schokoladenguss verzieren.

Katja Skopljak, Moringen

Für den Teig

375 g Butter
375 g Zucker
8 hart gekochte Eigelb, am Vortag gekocht
1 ganzes rohes Ei
1 Eigelb
625 g–750 g Mehl

Für die Verzierung

Schokoladenguss

Puderzucker-Plätzchen mit Bier

Für den Teig
125 g Butter
4 Eier
500 g Puderzucker
1 Prise Salz
1/2 Teelöffel gemahlene Nelken
1/2 Teelöffel gemahlener Piment
2 Teelöffel gemahlener Zimt
600 g Mehl
1 Päckchen Backpulver

Für den Belag
Bier
Hagelzucker

Butter und Eier schaumig schlagen. Puderzucker und Salz dazugeben, gut verrühren. Gewürze einrühren. Mehl und Backpulver vermischen, nach und nach unter die Masse rühren.

Den Teig anschließend zugedeckt im Kühlschrank ruhen lassen. Danach gut einen halben Zentimeter dick ausrollen und runde Plätzchen ausstechen. Auf ein mit Backpapier ausgelegtes Backblech legen. Mit Bier bepinseln und mit Hagelzucker bestreuen.

Bei 200 °C rund 15 Minuten backen.

Wanda Brunotte, Hoya

Punsch-Brezeln

Für den Teig

200 g Butter
100 g Puderzucker
1 Eigelb
1 Prise Salz
Mark einer halben Vanilleschote
300 g Mehl

Für die Glasur

1 Eiweiß
3 (6 cl) Schnapsgläschen Rum
2 Teelöffel Zitronensaft
200 g Puderzucker

Zuerst Butter und gesiebten Puderzucker zu einer glatten Masse verkneten. Eigelb, Salz und Vanillemark zugeben. Mehl sieben und unter den Teig kneten. Teig in Alufolie wickeln und gut zwei Stunden im Kühlschrank ruhen lassen.

Immer nur ein Stück vom Teig abschneiden, den Rest im Kühlschrank lassen. Kleine Stangen zubereiten und daraus Brezeln formen. Auf ein mit Backpapier ausgelegtes Backblech legen.

Im vorgeheizten Backofen auf mittlerer Schiene bei 180 °C zehn bis 15 Minuten backen.

Für die Glasur Eiweiß mit Rum und Zitronensaft und Puderzucker verrühren. Brezeln nach dem Backen ein wenig abkühlen lassen und die Oberseite dick mit Glasur bestreichen.

Ute Lehmann, Meppen

Raschelkuchen

Für den Teig
65 g Butter
1000 g Honig
1000 g Zucker
1500 g Mehl
750 g Mandeln, gerieben, einige davon gehackt
Saft und abgeriebene Schale von 2 unbehandelten Zitronen
16 g Zimt
16 g Nelken
8 g Kardamon
10 ml Rosenwasser
20 g Pottasche, in einer kleinen Tasse Milch aufgelöst

Für die Verzierung
Schokoladenglasur oder Zuckerguss, Schoko- oder Zuckerperlen

Butter, Honig, Zucker erhitzen und auf das mit Mandeln und Gewürzen vermischte Mehl geben, alles verkneten. Den Teig über Nacht stehen lassen.

Am nächsten Tag den Teig dünn ausrollen und beliebige Formen ausstechen: runde, eckige oder Halbmonde. Auf ein mit Backpapier ausgelegtes Backblech legen.

Bei 180–200 °C zehn bis 15 Minuten backen.

Die Kekse können nach Belieben mit Schokoladenglasur oder Zuckerguss, aber auch mit Schoko- oder Zuckerperlen verziert werden.

Luise-Charlotte Rother, Helmstedt

Rosinen-Plätzchen

Kokosfett auflösen, etwas abkühlen lassen.

Nach und nach die übrigen Zutaten unterrühren.

Zum Schluss einen Schuss kochendes Wasser zugeben. Kleine Teighäufchen auf ein mit Backpapier ausgelegtes Backblech geben.

Bei 180 °C knapp 15 Minuten backen.

Katharina Büsemann, Weener

Für den Teig

250 g Kokosfett
375 g Zucker
2 Eier
375 g Rosinen
knapp 500 g Mehl
1 Päckchen Backpulver
1 Schuss kochendes Wasser

Schmandsterne

Für den Teig

1 Eigelb
125 g Zucker
3 Päckchen Vanillezucker
4 Esslöffel Schmand
200 g Mehl
1 Messerspitze Backpulver
4 Esslöffel zimmerwarme Butter

Zum Bestäuben

Puderzucker

Eigelb, Zucker und Vanillezucker mit dem Handrührgerät auf höchster Stufe dickschaumig aufschlagen. Schmand unterziehen.

Mehl und Backpulver mischen und in eine Schüssel sieben. Eine Mulde hineindrücken und die Eicreme hineingeben. Butterflöckchen an den Rand setzen. Die Zutaten mit der Hand rasch zu einem glatten, geschmeidigen Teig kneten.

In Frischhaltefolie rund 60 Minuten kühlen. Teig auf bemehlter Arbeitsfläche ca. zwei Millimeter dünn ausrollen, Sterne ausstechen und auf ein mit Backpapier belegtes Backblech legen.

Im vorgeheizten Ofen bei 200 °C gut zehn Minuten backen und anschließend auskühlen lassen.

Mit Puderzucker bestäuben.

Sabine Scholz, Bomlitz

Schneetaler

Mehl auf die Tischplatte sieben. In die Mitte eine Vertiefung eindrücken. Zucker, Vanillezucker, in Stücke geschnittene kalte Butter und Mandeln hineingeben. Mit Mehl bedecken und von der Mitte aus alle Zutaten schnell zu einem glatten Teig verkneten. Sollte er kleben, muss er eine Zeit lang kalt stehen.

Den Teig in kleinen Portionen dünn ausrollen. Mit einer runden Form (ca. vier bis fünf Zentimeter Durchmesser) Taler ausstechen und auf ein mit Backpapier ausgelegtes Backblech legen.

Im vorgeheizten Ofen bei 175–200 °C acht bis zehn Minuten lang backen.

Erkalten lassen und danach immer zwei Plätzchen mit einem Klecks Johannisbeergelee zusammenfügen. Zum Schluss mit dem Gemisch aus Puderzucker und Vanillezucker bestäuben.

Angelika Wehner, Celle

Für den Teig

300 g Mehl
100 g Zucker
1 Päckchen Vanillezucker
275 g kalte Butter oder Margarine
100 g abgezogene, gemahlene Mandeln

Für die Füllung

ca. 250 g Johannisbeergelee

Zum Bestäuben

50–75 g Puderzucker
1 Päckchen Vanillezucker

Schokoladen-Ingwer-Herzen

Für den Teig

100 g Rosinen
125 g Zartbitterkuvertüre
60 g frische Ingwerwurzel
60 g weiche Butter
100 g Zucker
Mark von 2 Vanilleschoten
1 Ei
200 g Mehl
1/2 Teelöffel Backpulver

Für die Verzierung

250 g weiße Kuvertüre
80 g Pistazien

Rosinen fein hacken. Zartbitterkuvertüre grob hacken, nicht zu fein mahlen. Ingwer schälen, fein reiben. Butter, Zucker und Vanillemark ca. zehn Minuten schaumig schlagen. Ei verschlagen, nach und nach unterrühren. Mehl, Backpulver, Rosinen, gemahlene Kuvertüre und Ingwer mit den Knethaken des Rührers untermengen, bis ein glatter Teig entsteht. Den Teig halbieren, in Klarsichtfolie wickeln und eine Stunde kalt stellen.

Teighälften jeweils zwischen zwei Bögen Backpapier zu 40 x 35 Zentimeter großen Rechtecken ausrollen. Herzen ausstechen und auf ein mit Backpapier ausgelegtes Backblech legen.

Im vorgeheizten Backofen bei 180 °C zwölf bis 14 Minuten goldbraun backen. Auf einem Kuchengitter abkühlen lassen.

Weiße Kuvertüre grob hacken und im Wasserbad schmelzen. Pistazien nicht zu fein mahlen. Die Herzen mit einer Hälfte in die Kuvertüre tauchen, kurz abtropfen lassen und seitlich in die Pistazien drücken, sodass sich ein grüner Rand bildet.

Herzen auf Backpapier legen und an einem kühlen, trockenen Ort erstarren lassen.

Edith Alice Kampmann, Laatzen

Schoko-Minz-Wirbel

Butter und Zucker schaumig rühren. Gesiebtes Mehl, Kakao und Milch dazugeben. Mit der Hand rühren, bis ein glatter, weicher Teig entstanden ist.

Teig fünf Zentimeter dick ausrollen, vier Zentimeter große Kreise ausstechen und auf das mit Backpapier ausgelegte Backblech geben.

Im vorgeheizten Ofen bei 180 °C rund 15 Minuten backen. Auf einem Kuchengitter auskühlen lassen.

Für den Belag Butter schaumig rühren. Puderzucker unterrühren, bis die Mischung leicht und cremig ist. Die Essenz hinzufügen und gut mischen.

Sobald die Plätzchen erkaltet sind, Pfefferminzcreme mit einem Spritzbeutel auf die Plätzchen geben. Je ein Schoko-Stückchen in die Mitte der Spritzrosette legen. Plätzchen zum Schluss mit Puderzucker und Kakaopulver bestreuen.

Andrea Neustock, Bielefeld

Für den Teig

65 g Butter
1/4 Tasse Zucker
1/2 Tasse Mehl
1/3 Tasse Mehl, mit Backpulver vermischt
2 Esslöffel Kakao
2 Esslöffel Milch

Für den Belag

100 g Butter
1 1/3 Tassen Puderzucker
einige Tropfen Pfefferminz-Essenz

Für die Verzierung

ca. 22 Schokostückchen
1 Teelöffel Puderzucker zusätzlich
1 Teelöffel Kakaopulver

Sonnenblumen-Stäbchen

Für den Teig

150 g Sonnenblumenkerne
50 g Weizenvollkornmehl
1 Teelöffel Backpulver
125 g Butter
100 g Zucker oder 50 g Fruchtzucker
Mark einer Vanilleschote
1 Ei
150 g Haferflocken
einige Tropfen Bittermandelöl

Sonnenblumenkerne ohne Fett in der Pfanne rösten, bis sie „duften". Anschließend grob hacken. Mehl mit Backpulver mischen. Butter, Zucker und Vanillemark schaumig rühren. Dann Ei, Sonnenblumenkerne, Haferflocken, Bittermandelöl und Mehl unterrühren.

Mit feuchten Händen kleine Stäbchen formen. Nebeneinander auf ein mit Backpapier ausgelegtes Blech legen.

Im vorgeheizten Backofen bei 200 °C ca. 15 Minuten backen. Auf einem Kuchengitter auskühlen lassen.

Indra Müller, Laggenbeck

Silvesterpurzel

Einen Milch-Hefeteig herstellen: Milch anwärmen, Hefe darin auflösen. Mehl in eine Schüssel sieben, alle Zutaten dazugeben, gut verkneten, abdecken und gehen lassen. Vor Zugluft schützen! Wenn der Teig hochgegangen ist, nochmals durchrühren und wieder gehen lassen.

Das Schweineschmalz in einer Fritteuse oder einem tiefen Kochtopf auf 180 °C erhitzen (Spritzprobe mit einem Tropfen Wasser). Mit einem bemehlten Esslöffel „Purzel" (walnussgroße Kugeln) vom Teig abstechen, ins heiße Fett gleiten lassen, mit einem Holzlöffel wenden und goldbraun ausbacken.

Die Purzel mit einem Schaumlöffel herausheben, auf einem Sieb über einer Pfanne abtropfen lassen, mit Puderzucker bestäuben und noch warm zum Silvesterpunsch servieren.

Hanna Schele, Diepholz

Für den Teig

500 g Mehl
40–50 g Frischhefe
250 ml lauwarme Milch
3–4 Eier
110 g Zucker
110 g Butter
1 Prise Salz

Für das Ausbacken

750 g Schweineschmalz
(kein Kokosfett!)

Für das Bestäuben

Puderzucker

Verschneite Walnussberge

Für den Teig

4 Eiweiß
Saft einer kleinen Zitrone
etwas Salz
250 g Honig
300 g gehackte Walnüsse
200 g gemahlene Haselnüsse
100 g Zucker
100 g Mehl
1 Esslöffel Zimt
ca. 50 Oblaten

Für die Verzierung

1 weiße Kuvertüre

Eiweiß, Zitronensaft und Salz zu schaumigem Schnee schlagen. Nach und nach Honig einfließen lassen und weiterrühren, bis eine cremeartige, stark glänzende Masse entsteht.

Walnüsse, Haselnüsse, Zucker und Mehl unter die Eiweißmasse heben und mit Zimt abschmecken.

Die Masse auf den Oblaten zu kleinen Bergen aufhäufen. Oblaten auf ein mit Backpapier ausgelegtes Blech setzen. Bei 175 °C ca. 25 Minuten backen, bis die Spitzen leicht gebräunt sind. Auskühlen lassen.

Die Kuvertüre im Wasserbad schmelzen und die oberen Teile der Walnussberge damit überziehen.

Anette Gänsler-Organista, Bremen

Walnusstaler

Mehl, Backpulver, Butter, Walnüsse, Zucker und Ei zu einem Teig verkneten. Den Teig auf der bemehlten Arbeitsfläche ausrollen und ca. fünf Zentimeter große Plätzchen (rund 70 Stück) ausstechen. Auf ein mit Backpapier ausgelegte Backblech legen.

Bei 175 °C zwölf bis 15 Minuten backen.

Konfitüre mit Rum verrühren, die Oberfläche der Hälfte der Plätzchen damit bestreichen, je ein unbestrichenes Plätzchen darauf kleben. Aus Puderzucker und Rum einen Guss rühren, die Plätzchen damit bestreichen und mit einer Walnusshälfte verzieren.

Hannelore Guby, Worpswede

Für den Teig

250 g Mehl
1 gehäufter Teelöffel Backpulver
100 g Butter
60 g gemahlene Walnüsse
80 g Zucker
1 Ei

Für die Füllung

100 g Aprikosenkonfitüre
4–5 Esslöffel Rum

Für den Guss

150 g Puderzucker
3 Esslöffel Rum

Für die Verzierung

ca. 35 Walnusshälften

Weihnachts-Birnen-Stangen

Für den Teig
50 g Sauerrahm-Butter
100 ml Sahne
150 g Birnenfein (Reformhaus)
100 g Vollkornhaferflocken
20 g Mehl
1/2 Teelöffel Zimt
gute Prise Salz und Nelkenpulver
150 g getrocknete ungeschwefelte Birnen, fein gehackt
50 g Pistazienkerne, fein gehackt
1 Eigelb

Butter, Sahne und Birnenfein aufkochen und von der Herdplatte nehmen.

Haferflocken, Mehl, Zimt, Salz und Nelkenpulver vermengen.

Birnen und Pistazienkerne unter die Mehlmischung geben. Dann die Birnenfeinmischung unterheben. Zum Schluss das verschlagene Eigelb in den Teig geben.

Den Teig einen knappen Zentimeter dick auf ein mit Backpapier ausgelegtes Blech streichen.

Bei 180 °C rund 15 Minuten backen, auskühlen lassen.

Dann in Stangen, 5 x 2 Zentimeter groß, schneiden.

Dieter Grothe, Hannover

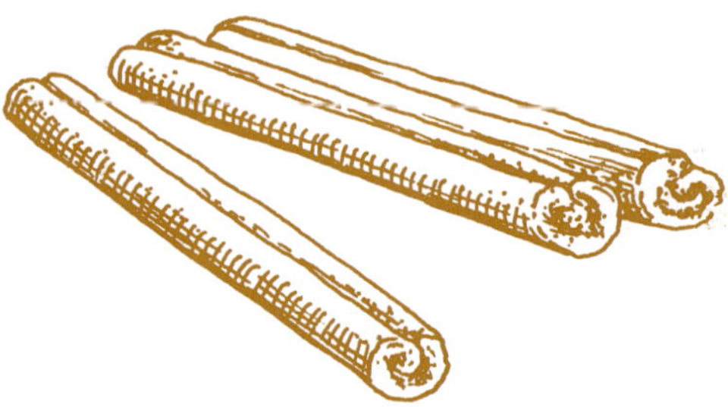

Weihnachtsklöven

Alle Zutaten für den Teig kalt verarbeiten und schnell zu einem glatten Teig kneten. Ca. 30 Minuten ruhen lassen. Danach ausrollen, auf ein mit Backpapier ausgelegtes Backblech legen und mit einer Gabel anstechen.

Im vorgeheizten Backofen bei 180 °C backen, bis der Teig ein wenig Farbe hat.

Honig, Butter, Zucker und Sahne aufkochen und gehobelte Mandeln dazugeben. Auf den angebackenen Mürbeteig gießen und gleichmäßig verteilen.

Bei 180 °C goldbraun backen.

Das erkaltete Gebäck in Rauten schneiden. Kuvertüre im Wasserbad erwärmen. Die Oberseite der Raute zur Hälfte bestreichen und mit einigen gehackten Pistazien bestreuen.

Uwe Söller, Winsen (Luhe)

Für den Teig

100 g Butter
200 g Puderzucker
300 g Mehl
1 Ei
1 Eigelb

Für den Belag

90 g Honig
130 g Butter
130 g Zucker
100 g Sahne
240 g gehobelte Mandeln

Für die Verzierung

150 g Zartbitterkuvertüre
40 g gehackte Pistazien

Weihnachtsküsschen

Für den Teig
250 g Butter
250 g Mehl
3 Eigelb
3 Esslöffel Zucker
1/2 Päckchen Backpulver

Für den Belag
Schokoladenstückchen
3 Eiweiß
250 g Zucker

Alle Zutaten für den Teig mischen und gut kneten.

Den Teig dünn ausrollen und mit einem Flaschenverschluss Kekse ausstechen. Auf ein mit Backpapier ausgelegtes Backblech legen. Auf jeden Keks ein viertel Stückchen Schokolade geben.

Für den Belag Eiweiß mit Zucker zu Schnee schlagen. Je einen halben Teelöffel Eischnee auf die Schokoladenstückchen geben. Die Schokoladenstückchen müssen vom Baiser fest umschlossen werden, damit sie nicht schmelzen.

Bei 180 °C rund 20 Minuten backen.

Renate Hadersbeck, Großlohra/Kleinwenden

Weihnachtsplätzchen mit Teecreme-Füllung

Für den Teig

250 g Mehl
125 g Zucker
1 Ei
1 Eigelb
1 Teelöffel geriebene Zitronenschale (unbehandelt) oder Zitro-Back
125 Butter

Für die Füllung

150 g Kuvertüre (halbbitter)
50 g Kuvertüre (Vollmilch)
100 ml Schlagsahne
1 Esslöffel Earl Grey Tee
2 Eigelb zum Bestreichen
50 g Butter

Für die Glasur

1 Teelöffel Zitronensaft
1–2 Teelöffel Himbeersirup
25 g Puderzucker

Mehl in eine Schüssel geben und die Zutaten für den Teig nacheinander in eine Mulde inmitten des Mehls geben. Einen glatten Teig kneten und eine Stunde kühl stellen.
Für die Füllung Kuvertüre in Stücke brechen. Sahne aufkochen und Earl Grey Tee drei Minuten darin ziehen lassen. Heiße Teesahne durch ein Teesieb über die Kuvertüre gießen und dann so lange rühren, bis diese sich aufgelöst hat.
Den Mürbeteig noch einmal durchkneten und auf einer mehlbestäubten Platte ca. drei Millimeter dick ausrollen. Mit einer Plätzchenform rund 80 Plätzchen ausstechen. Auf ein mit Backpapier belegtes Blech legen und mit Eigelb bestreichen.
Im vorgeheizten Backofen bei etwa 180 °C zwölf Minuten auf der zweiten Einschubleiste goldbraun backen.
Butter schaumig rühren und kalte Schokoladen-Teesahne hineingeben. Kleine Tupfer auf die 40 Hälften geben, die anderen darauf setzen und etwas andrücken.
Puderzucker sieben, mit Zitronensaft und Himbeersirup vermischen und die Plätzchen damit bestreichen.

Nicole Kreuzberger, Frankfurt/Main

Weißwein-Spritzgebäck

Für den Teig
300 g weiche Butter
100 g Puderzucker
1 Prise Salz
1/2 Teelöffel abgeriebene Zitronenschale
3 Esslöffel Weißwein
1 Eigelb
375 g Mehl

Aus den Zutaten eine Teigmasse zubereiten: Weiche Butter und Puderzucker aufschlagen, Salz, Zitronenschale und Weißwein zufügen. Dann Eigelb und zum Schluss Mehl unterziehen.

Diese Teigmasse in einen Spritzbeutel füllen und die Kekse als „S"-Gebäck auf ein mit Backpapier ausgelegtes Backblech setzen.

Im vorgeheizten Ofen bei 200 °C rund zwölf Minuten hellbraun backen.

Heike Hornbostel, Wehnsen

Wundernüsse

Eiweiß sehr schaumig schlagen. Nach und nach unter Weiterschlagen den Zucker zugeben. Vanillezucker, Bittermandelöl und Haselnüsse unterheben.

Mit einem Teelöffel portionieren und Kugeln formen. Auf ein mit Backpapier ausgelegtes Backblech legen und mit einem bemehlten Kochlöffelstiel kleine Kuhlen in die Kugeln drücken.

Die Kugeln mit reichlich Aprikosenmarmelade füllen.

Bei 130–150 °C gut 15 Minuten goldgelb backen.

Nach dem Backen mit Schokoladenglasur bestreichen und jeweils mit einer Haselnuss garnieren.

Claudia Czycholl, Peine

Für den Teig

5 Eiweiß
200 g Zucker
2 Päckchen Vanillezucker
5–6 Tropfen Bittermandelöl
450–500 g gemahlene Haselnüsse

Für die Füllung

Glas Aprikosenmarmelade

Für die Verzierung

2 Tüten ganze Haselnüsse
Zartbitter-Schokoladenglasur

Wurster Nüsse

Für den Teig

1 Messerspitze Hirschhornsalz
1500 g Mehl
750 g Sirup
125 g gehackte Mandeln
ca. 60 g Sukkade
1 Prise Kardamon
250 g Zucker
375 g Butter
ca. 190 g Schmalz
eine unbehandelte Zitrone

Zum Bestreuen

Hagelzucker

Hirschhornsalz in etwas Wasser auflösen.

Alle übrigen Zutaten gut mischen. Zitrone abreiben, Schale und Saft sowie das aufgelöste Hirschhornsalz zugeben. Noch mal kräftig durchkneten.

Eine oder mehrere Rollen von vier Zentimeter Durchmesser formen und etwa einen Zentimeter dicke Scheiben schneiden. Eine Seite mit Hagelzucker bestreuen bzw. in Hagelzucker drücken. Auf ein mit Backpapier ausgelegtes Backblech legen.

Bei 180 °C rund 20 Minuten abbacken.

Ina Nass, Aurich

Zarte Zimtsterne

Mandeln abziehen und fein reiben. Eiweiß schaumig schlagen. Puderzucker sieben und – bis auf eine Tasse für die Glasur – unterrühren. Mandeln, Zimt und Kirschwasser unter den Eischnee mischen, schnell verkneten und eine Stunde im Kühlschrank ruhen lassen.

Die Arbeitsfläche mit Zucker bestreuen, den Teig einen Zentimeter dick ausrollen, Sterne ausstechen und mit der Glasur (Puderzucker und etwas Wasser) überziehen. Über Nacht auf dem mit Backpapier ausgelegten Backblech bei Raumtemperatur trocknen lassen.

Den Backofen auf 220 °C vorheizen und die Zimtsterne fünf Minuten lang backen. Die Sterne sollen innen weich und die Oberfläche noch weiß sein.

Annette Eggert, Hitzacker/Elbe

Für den Teig

500 g Mandeln
5 Eiweiß
450 g Puderzucker
2 Teelöffel gemahlener Zimt
1 Esslöffel Kirschwasser

Für die Glasur

Puderzucker
etwas Wasser

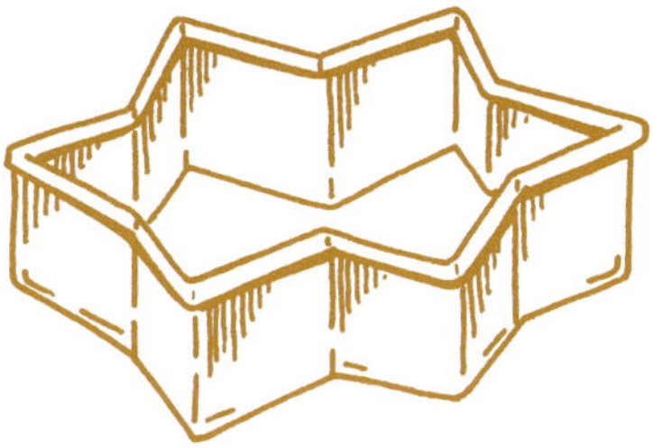

Zimtblätter

Für den Teig

350 g Weizenmehl
1 gestrichener Teelöffel Backpulver
100 g gesiebter Puderzucker
1 Päckchen Vanillezucker
Salz
1 gestrichener Teelöffel Zimt
2 Eigelb
250 g Margarine
300 g abgezogene, grob gemahlene Mandeln

Zum Bestreichen

1 Eigelb
1 Esslöffel Honig
Zimt
Zucker

Für den Guss

125 g Kuvertüre
etwas Kokosfett

Mehl und Backpulver mischen und in eine Rührschüssel sieben. Restliche Zutaten zugeben und mit einem Handrührgerät mit Knethaken zunächst auf niedrigster, dann auf höchster Stufe gut durcharbeiten. Anschließend auf einer Arbeitsfläche zu einem glatten Teig verkneten und kalt stellen.

Dann den Teig etwa drei Millimeter dick ausrollen und ovale Plätzchen ausstechen. Auf ein mit Backpapier ausgelegtes Backblech legen und mit einem feinen Messer vorsichtig ein „Blätterader-Muster" einritzen.

Eigelb und Honig verschlagen, die Plätzchen damit bestreichen, mit Zimt und Zucker bestreuen.

Im vorgeheizten Ofen bei 170–200 °C zwölf bis 15 Minuten backen. Auskühlen lassen.

Für den Guss die Kuvertüre in kleine Stücke brechen und mit etwas Kokosfett im Wasserbad bei schwacher Hitze geschmeidig rühren. Die Unterseite der erkalteten Blättchen damit bestreichen.

Helena Schmall, Niedernhausen